新しい国際刑法

新しい国際刑法

森下　忠 著

信山社

はしがき

　「国際刑法」という言葉は、19世紀以降、刑法の場所的適用範囲を定める法規範、すなわち、刑法適用法を意味する簡潔で便利な表現として、世界的に用いられてきた。

　ところで、20世紀に入って犯罪の国際化が進むにつれて、諸外国では内国法の場所的適用範囲を拡大する傾向が見られ、代理処罰主義と代理主義という、刑法適用法の新しい原則が生まれた。

　こうした動向に呼応するかのように、国際刑事司法協力の分野では、古典的な形態の国際刑事司法共助（犯罪人引渡しと狭義の刑事司法共助）と並んで、新しい形態の国際刑事司法共助（外国刑事判決の執行と刑事訴追の移管）が、重要な役割を果たす制度として登場した。そこには、伝統的な「刑法の国家性の原則」を修正し、地域的または国際的な法共同体を形成しようとする新しい考えが、根底に横たわっている。

　第2次世界大戦後、「人類の敵」とみなされる重大な犯罪を世界的裁判権主義（世界主義）の対象犯罪として、各国が連帯してその防止及び処罰に当たるべきであるとする考えが台頭し、これを具現するため、諸種の条約が締結された。そして、1998年7月、ローマにおいて国際刑事裁判所を設立する条約（ローマ規程）が締結された。これによって、国際刑法は、新しい歩みを始めた。

　本書は、1993年に出版した『国際刑法入門』にその後における世界の新しい動向を各所に盛り込んだのに伴い、書名を『新しい国際刑法』と改めたものである。21世紀を生きる新しい世代がこの学問領域に眼を開いて、より高度な研究へと進むこととともなれば、著者として大きな喜びである。

2002年8月

　　　　　　　　　　　　　　　　　　　　　　　森　下　　　忠

凡　例

条約の略称

国連の麻薬新条約	麻薬及び向精神薬の不正取引防止に関する国連条約（1988年）
ベネルックス判決執行条約	ベネルックス刑事判決執行条約（1968年）
ベネルックス引渡共助条約	ベネルックス犯罪人引渡し及び刑事司法共助条約（1962年）
ヨーロッパ刑事判決条約	ヨーロッパ刑事判決の国際的効力条約（1970年）
ヨーロッパ交通犯罪条約	ヨーロッパ道路交通犯罪処罰条約（1964年）
ヨーロッパ司法共助条約	ヨーロッパ刑事司法共助条約（1959年）
ヨーロッパ引渡条約	ヨーロッパ犯罪人引渡条約（1957年）
引渡条約	犯罪人引渡条約
ローマ規程	国際刑事裁判所を設立する規程（ローマ規程）（1998年）

外国法の略号

オーストリア共助法（ARHG）	オーストリア犯罪人引渡し及び刑事司法共助法（1979年）
スイス犯罪人引渡法（SAG）	スイス犯罪人引渡法（1892年）
スイス共助法（IRSG, EIMP）	スイス国際刑事司法共助法（1981年）
ドイツ犯罪人引渡法（DAG）	ドイツ犯罪人引渡法（1929年）
ドイツ共助法（IRG）	ドイツ国際刑事司法共助法（1982年）

著書の略称

森下・新動向	国際刑法の新動向（1979年、成文堂）
森下・司法共助の研究	国際刑事司法共助の研究（1981年、成文堂）
森下・司法共助の理論	国際刑事司法共助の理論（1983年、成文堂）
森下・潮流	国際刑法の潮流（1985年、成文堂）
森下・国際化	刑事司法の国際化（1990年、成文堂）
森下・基本問題	国際刑法の基本問題（1996年、成文堂）

参 考 文 献

(森下執筆分のみ)

* 国際刑法の新動向（1979年）所収
    「犯罪人引渡しに関するヨーロッパ条約」
    「刑事司法共助に関するヨーロッパ条約」
    「刑の猶予者及び仮釈放者の保護観察に関するヨーロッパ条約」
    「道路交通犯罪の処罰に関するヨーロッパ条約」
    「刑事判決の国際的効力に関するヨーロッパ条約」
    「刑事訴追の移管に関するヨーロッパ条約」

* 国際刑事司法共助の研究（1981年）所収
    「犯罪人引渡し及び刑事司法共助に関するベネルックス条約」

* 国際刑法の潮流（1985年）所収
    「テロ行為防止に関するヨーロッパ条約」
    「刑事判決の執行に関するベネルックス条約」
    「刑事訴追の移管に関するベネルックス条約」

* 刑事司法の国際化（1990年）所収
    「ヨーロッパ評議会の受刑者移送条約」
    「外国人受刑者の移送に関する国連の模範協定」
    「オーストリアの犯罪人引渡し及び刑事司法共助法」
    「スイスの国際刑事司法共助法」

* 犯罪人引渡法の理論（1993年、成文堂）

* 国際刑法の基本問題（1996年、成文堂）

目　次

はしがき
凡例・参考文献

序章　国際刑法の概念

1　概念の多義性————2
2　狭義の国際刑法————3
3　裁判権という言葉————3
4　広義の国際刑法————5
　〔1〕国際犯罪と国越犯罪（5）〔2〕刑法適用法（7）
　〔3〕刑事国際法（8）〔4〕国際刑事司法共助法（11）
5　国際捜査共助————12
6　国際刑事警察機構————14
　〔1〕沿　革（14）〔2〕組　織（16）〔3〕機構の法的性質（16）
　〔4〕機能と国際手配制度（17）
7　国際刑事裁判所————20
　〔1〕沿　革（20）〔2〕国際刑事裁判所の設立（21）
　〔3〕ICCの基本的性格（21）〔4〕ICCの管轄に属する犯罪（21）

第1編　刑法適用法

はじめに　〔1〕刑法適用法の意義（24）〔2〕刑法適用法の新しい原則（25）
　　　　　〔3〕裁判権の競合（25）

第1章　属地主義 …………………………………………27

1　意　義————27
2　沿　革————27
3　属地主義の根拠————28
　〔1〕主権国家の法秩序の維持（28）〔2〕証拠収集上の利点（29）
4　領域の範囲————30
5　犯罪地の決定————30

〔1〕犯罪地の意義（30）〔2〕遍在説による裁判権の競合（32）
〔3〕不作為犯と未遂犯（33）〔4〕共犯の犯罪地の決定（34）

6 船舶と航空機————34
〔1〕旗国主義ないし登録国主義（34）〔2〕裁判権の競合（36）
〔3〕残された課題（37）

7 裁判権の免除————37
〔1〕意　義（37）〔2〕法的根拠（38）〔3〕法的性質と内容（39）
〔4〕絶対的免除から段階的免除へ（39）

第2章 属人主義 …………………………41

1 意　義————41
2 沿　革————41
3 属人主義の根拠づけ————43
4 自国民の範囲————46
5 特殊な属人主義————47
6 対象とされる犯罪の範囲————48
7 双方可罰主義————48
8 軽い法の原則————50

第3章 保護主義 …………………………52

1 意　義————52
2 沿　革————52
3 対象とされる犯罪の範囲————54
〔1〕保護主義の適用範囲の拡大傾向（54）〔2〕日本刑法第2条（54）
〔3〕改正刑法草案第6条（55）
4 国家保護主義の法的性質————55
5 国民保護主義の法的性質————57

第4章 世界主義 …………………………58

1 意　義————58
2 沿　革————58
3 対象とされる犯罪の範囲————59

　　　　〔1〕国際学会や国際会議の決議等 (60)　〔2〕条約に現れた対象犯罪　(60)
　　　　〔3〕対象犯罪の分類 (61)
　　4　日本刑法第4条の2―――65
　　　　〔1〕本条の趣旨 (65)　〔2〕条文の意味 (66)　〔3〕問題点 (67)

第5章 | 代理処罰主義 ……………………………………68

　　1　三つの類型の代理処罰主義―――68
　　2　具体例の考察―――69
　　3　若干の立法例―――71
　　　　〔1〕ドイツ法 (71)　〔2〕オーストリア法 (72)
　　　　〔3〕その他の国の法制 (74)
　　4　代理処罰主義の法的性質―――74
　　　　〔1〕純代理処罰主義の登場 (74)　〔2〕世界主義との違い (75)
　　5　残された問題―――76

第6章 | 代 理 主 義 ……………………………………78

　　1　意　義―――78
　　2　沿　革―――78
　　3　代理主義の必要性―――80
　　4　代理主義の法的性質―――82
　　　　〔1〕法共同体の形成 (82)　〔2〕代理処罰主義との違い (82)
　　　　〔3〕世界主義との違い (83)

第7章 | 外国刑事判決の効力 ……………………………84

　　1　外国刑事判決の意義―――84
　　2　刑事判決の国際的効力―――85
　　3　外国刑事判決の消極的効力―――86
　　　　〔1〕立法例の立場 (86)　〔2〕国際的な動向 (88)
　　　　〔3〕日本刑法第5条 (90)
　　4　外国刑事判決の積極的効力―――92
　　　　〔1〕二つの執行方式 (92)　〔2〕考慮主義 (92)　〔3〕執行主義 (94)

第2編　国際刑事司法共助

序　説｜国際刑事司法共助の意義 …………97
- 1 意　義————97
- 2 四つの形態の刑事司法共助のあらまし————98

第1章｜犯罪人引渡し …………100

第1節　犯罪人引渡しの歴史 …………100
- 1 犯罪人引渡しの性質の変容————100
- 2 三つの発展段階————101
- 3 第2次大戦後の引渡条約————102

第2節　犯罪人引渡しの法的構成 …………104
- 1 条約前置の問題————104
- 2 受動的引渡しと能動的引渡し————105
- 3 実体法と手続法————106
- 4 引渡犯罪————106

第3節　犯罪人引渡しの基本原則 …………108
- 1 相互主義————108
  〔1〕相互主義の意義と分類（108）〔2〕相互主義の緩和傾向（109）
  〔3〕ゆるやかな相互主義の事例（110）
- 2 双方可罰主義————111
  〔1〕双方可罰主義の意義（111）〔2〕双方可罰主義の例外（112）
- 3 政治犯人の不引渡し————113
  〔1〕沿　革（113）〔2〕学説による政治犯罪の分類（114）
  〔3〕「政治犯罪」概念の縮小（115）
- 4 自国民の不引渡し————117
  〔1〕歴史的概観（117）〔2〕二つの基本的立場（118）
  〔3〕自国民の不引渡しをめぐる賛否の意見（120）
  〔4〕問題解決への途（121）
- 5 一事不再理————122
- 6 特定主義————125
  〔1〕意　義（125）〔2〕特定主義の沿革と発展（125）
  〔3〕特定主義の緩和（126）

第 4 節　犯罪人引渡しの手続……………………………………129
　　1　正式引渡しの方式────129
　　2　略式引渡し────130
　　3　仮拘禁────131
　　　　〔1〕意義と必要性 (131)　〔2〕条約等に現れた仮拘禁 (132)
　　　　〔3〕わが国に仮拘禁を導入するにあたっての問題点 (133)
　　4　物の引渡し────134
　　　　〔1〕意義と沿革 (134)　〔2〕犯罪人引渡条約に見られる物の引渡し (134)
　第 5 節　保安処分の執行のための犯罪人引渡し……………………135
　　1　はじめに────135
　　2　条約に現れた諸規定────136
　　3　犯罪人引渡しの基本原則との関係────137
　　　　〔1〕双方可罰主義 (137)　〔2〕特定主義 (139)
　　　　〔3〕自国民不引渡しの原則 (139)

第 2 章　狭義の国際刑事司法共助 ……………………………140

　第 1 節　司法共助の意義，内容および要件……………………140
　　1　意　義────140
　　2　司法共助の内容────140
　　　　〔1〕共助の範囲の拡大傾向 (140)
　　　　〔2〕条約における司法共助の内容 (141)
　　3　司法共助の要件────142
　第 2 節　国際刑事司法共助に関する大陸法と英米法との差異………143
　　1　考え方の違い────143
　　2　積極的司法共助と消極的司法共助────144
　　3　外国法の適用────145
　第 3 節　国際刑事司法共助の基本原則……………………………146
　　1　相互主義────146
　　2　双方可罰主義────147
　　3　一事不再理の原則────147
　　4　特定主義────148
　　　　〔1〕意　義 (148)　〔2〕ヨーロッパ刑事司法共助条約 (149)
　　　　〔3〕条件の遵守 (150)

第4節　安全行動と刑事免責……………………………………………152
　　1　安全行動────152
　　　　〔1〕意　義（152）〔2〕沿　革（153）
　　2　ヨーロッパ司法共助条約における刑事免責（154）

第3章　外国刑事判決の執行……………………………………………156

　第1節　意義と沿革………………………………………………………156
　　1　言葉の意義────156
　　2　伝統的な考え方とその変遷────157
　　3　歴史的考察────158
　　　　〔1〕ライン河航行協定（158）〔2〕第2次大戦後の発達（158）
　　4　ヨーロッパ条約────160
　第2節　受刑者の移送……………………………………………………161
　　1　言葉の意義────161
　　2　本制度の誕生の背景────161
　　3　受刑者移送条約────162
　第3節　執行主義の基礎理論……………………………………………164
　　1　外国刑事判決の積極的効力────164
　　2　国際協定の法的形式────165
　　3　国際法の優位性────165
　第4節　外国刑事判決の執行の要件……………………………………166
　　1　一般的前提────166
　　2　執行力のある確定判決の存在────167
　　3　双方可罰主義────168
　第5節　手続上の問題点…………………………………………………168
　　1　外国刑事判決の執行の法的性質────168
　　2　執行手続の二つの方式────169
　　3　執行継続方式────170
　　　　〔1〕意　義（170）〔2〕執行されるべき制裁の期間（171）
　　　　〔3〕解決困難な問題（172）
　　4　判決の転換方式────172
　　5　執行の準拠法────174

	6	《ne bis in idem》の原則———175
第6節		わが国が直面する課題……………………………………………176
	1	受刑者移送条約の締結———176
	2	外国没収命令の執行———177
	3	規制薬物特例法にもとづく外国の没収命令の執行———178

第4章 刑事訴追の移管 …………………………………………………180

第1節		制度の意義と存在理由……………………………………………180
	1	制度の意義———180
	2	移管が行われる三つの段階———180
	3	制度の存在理由———181
		〔1〕国外犯の増加（181）　〔2〕犯罪者の側における事情（182）〔3〕犯罪地国の側における事情（184）
第2節		制度の沿革………………………………………………………185
	1	ヨーロッパにおける発達———185
	2	国連の主導による発達———186
第3節		被請求国の訴追権限………………………………………………187
	1	刑法の固有適用と共通適用———187
	2	代理主義の誕生———188
第4節		訴追の移管の基本的性格…………………………………………189
	1	移管犯罪———189
	2	外国刑事判決の執行との相違———190
	3	犯罪人引渡しとの相違———190
	4	双方可罰主義———191
	5	軽い法の原則———191
	6	二重訴追の禁止———192

第3編　〔資料〕国連の犯罪人引渡モデル条約

索　引（巻末）

序　章

国際刑法の概念

  1 概念の多義性
  2 狭義の国際刑法
  3 裁判権という言葉
  4 広義の国際刑法
  5 国際捜査共助
  6 国際刑事警察機構
  7 国際刑事裁判所

2 　序章　国際刑法の概念

1　概念の多義性

国際刑法（international criminal law, droit pénal international, internationales Strafrecht）という言葉は、現在、国際的にさまざまに用いられており、明確な定義を見出すに至っていない[1]。　もともと、「国際刑法」という名称は、イギリスの法学者・哲学者ベンサム（Jeremy Bentham, 1748-1832）が刑法の場所的適用範囲（「刑法の場所的効力範囲」ともいう）に関する国内法を指すものとして用いたのに始まる、と言われる。これに対し、ドイツの刑法学者フォン・リスト（Franz v. Liszt, 1851-1919）は、「国際刑法」という名称は「完全に不適切」であるとし、「刑法規定の場所的効力範囲」（räumliche Geltungsbereich der Strafrechtssätze）の語を用いた。これによれば、国際刑法（internationales Strafrecht）は、より正しくは**「刑法適用法」**（Strafanwendungsrecht, Strafrechtanwendungsrecht）と呼ばれるべきことになる。このような見解は、スイス、イタリアおよびスペインでも主張されている。

これに対し、「国際刑法」という言葉は今日誤解されることなく用いられており、しかも簡潔であるという長所があるとして、この名称には生命が与えられる、と論ずる見解がある。今日、外国の多くの学者は、この立場に立っているように見える[2]。

このように「国際刑法」という言葉の用い方については、学者の間で意見が分かれている。実は、そのことは「国際刑法」と呼ばれる法の分野に何が含まれるか、という問題と密接な関係がある。後述するように、それは、「国際刑法」と呼ばれるものの扱う領域が時代の推移、国際社会の緊密化、犯罪の国際化が進むにつれて、しだいに拡大したことを物語る。言いかえると、「国際刑法」は、狭義のものから広義のものへと、しだいに内容

1）　森下・新動向1頁以下。
2）　森下「国際刑法」刑法講座1巻（1963年）76頁（三）に挙げた文献を見よ。

を充実するとともに範囲を拡大してきたのである。

2　狭義の国際刑法

狭義の国際刑法は、**内国刑法の場所的効力範囲**（territorial scope of municipal criminal law）に関する法規範を意味する。19世紀に大陸法系の学説によって展開されたこの意味における国際刑法は、国際法ではなくて国内法に属する。これは、**刑法適用法**と呼ばれる内国刑法の一分野である。

たとえば、わが国の現行刑法は、1条から4条の2までにおいて「この法律は、……を犯したすべての者に適用する。」という文言を用いることにより、日本刑法の場所的効力が及ぶ場合を規定している。そのうち最も典型的なものは、第2条の規定である。

第2条は「この法律は、日本国外において次に掲げる罪を犯したすべての者に適用する。」と規定し、内乱の罪（刑77条～79条）〔2条2号〕、通貨偽造行使の罪（148条）〔2条4号〕などを掲げている。これによれば、〔**第1例**〕外国人であると日本国民であるとを問わず、何人かが日本国外で日本通貨を偽造した場合、その罪を犯した者に日本刑法の効力が及ぶことになる。言いかえると、犯罪地は日本国外であっても、日本の裁判所は、日本刑法を適用してその犯人を罰することができる。

3　裁判権という言葉

このような意味で、国外犯（国外での犯罪）につき日本が裁判権（jurisdiction, competence, compétence）をもつ、という言い方がなされることがある。ここにいわゆる"**裁判権**"は、刑法の場所的効力が及ぶ、という意味で用いられる表現である[3]。

ちなみに、条約では「**裁判権を設定する**」（to establish jurisdiction, établir

---

[3] ここにいう"compétence"は、"compétence législative"の意味であって「刑法の場所的適用」ないし「刑法の場所的効力」を指す。森下・新動向268頁以下を見よ。

compétence）という表現が用いられることがある[4]。

　これは、内国刑法の適用があるようにする、という意味である。したがって、「締約国は……の犯罪行為につき、自国の裁判権を設定するために必要な措置をとる」という文言は、締約国が一定の犯罪行為につき自国の刑法〔刑罰法規〕の場所的効力が及ぶように必要な立法措置を講ずる、ということを意味する。

　これに対し、「裁判権」という言葉は、内国裁判所の有する裁判権（compétence judiciaire）を意味するものとして用いられることがある。この意味における裁判権は、領土主権の一つ（すなわち、司法権）の作用であるから、内国刑法の場所的効力の意味における「裁判権」とは異なる内容のものである。

　領土主権の一つの作用である裁判権は内国にいるすべての者に及ぶが、外国にいる者には及ばない。したがって、〔第2例〕外国にいる者に対して内国刑法の適用があっても裁判権が及ばない場合がある一方で、〔第3例〕内国にいる者に対して裁判権はあっても内国刑法の適用がない場合がある。

　第2例に該当するのは、たとえば、日本の通貨を外国で偽造した外国人Aが外国にいる場合である。この場合、犯人Aについて日本刑法の適用がある（刑法2条4号）。つまり、日本刑法の効力は及ぶのであるが、犯人Aが外国にいるので、日本の裁判所が現実に彼を裁くことができるのは、(1)彼がたまたま日本にやって来たため、逮捕され、起訴されたとき、または(2)犯罪人引渡しによって、彼が現在する外国から日本に引き渡され、起訴されたときである。

　第3例に該当するのは、たとえば、日本人Bが外国で麻薬を自己使用した後、帰国して日本に現在する場合である。この場合には、Bは日本国

---

[4] たとえば、1970年の航空機不法奪取防止条約（ヘーグ条約）4条、1988年の国連の麻薬新条約4条。

内にいるのであるから、日本の裁判所は、領土主権の一つの作用としての抽象的裁判権を有するのであるが、麻薬の自己使用については国民の国外犯を罰する規定がないので、内国刑法の適用はないことになる。

4 広義の国際刑法

〔1〕 国際犯罪と国越犯罪

　20世紀になって、航空機、自動車、列車など高速度交通機関の発達に伴い、人と物の国際交流が飛躍的な発達をとげた。その結果、地球は狭くなった。そのことは、必然的に国際犯罪（international crimes）または国越犯罪（transnational crimes）の増加をもたらした。

A　国際犯罪

　国際犯罪という言葉は、広義と狭義で用いられている。広義では、国際的に行われる犯罪という漠然とした意味で用いられている。その中には、国際的規模で犯される犯罪（たとえば、国際的な麻薬の不正取引）のみならず、2国または数個の国にまたがって行われる犯罪（たとえば、フランスの美術館から盗み出した絵画を日本に運んで売りさばく）も含まれる。このほか、たとえば、外国から外国人が日本にやって来て、日本で窃盗、強盗、詐欺などの罪を犯し、逮捕される前に出国してしまう、いわゆるヒット・エンド・ラン（hit and run）のような犯罪を、最広義の「国際犯罪」に含める見解もある。この場合には、犯罪行為は日本で行われているので国内犯罪であるが、犯罪捜査のために犯人の国籍国、居住地国などから、国際捜査共助または国際司法共助によって情報や証拠を提供してもらう必要があることが少なくない。

　狭義の国際犯罪とは、人類共通の保護法益を侵害する犯罪をいう。たとえば、海賊行為、航空機の強取（いわゆるハイジャッキング）、麻薬の不正取引、人身売買などが、それである。これらの犯罪は、刑法適用法における世界主義（universality principle, compétence universelle）の対象とされている。これらの犯罪を制圧することは、文明国共通の任務とされるので、犯

罪制圧のための国際協力を義務づける（場合によっては、勧告する）ことを内容とする国際条約または地域間条約（たとえば、ヨーロッパ条約）が締結される。近時、犯罪防止のための国際的連帯性の強化が要請されるに伴って、この種の条約はしだいに増えている。中でも、環境破壊行為を世界主義の対象とする（すなわち、狭義の国際犯罪とする）ことは「かけがえのない地球」(only one earth) を守るために、人類共通の緊急課題となっている。

B 国越犯罪

国越犯罪とは、2国以上の国民（もしくは組織）によって行われた犯罪または2国以上にまたがって行われた犯罪をいう。たとえば、〔第4例〕日本人甲が、乙に海外旅行傷害保険を掛け、乙とともに米国に行き、ロサンゼルスで殺し屋を雇い、乙を殺させた場合や、〔第5例〕Aが東京から小包爆弾をロンドンにいるBに送り、それを受け取ったBが小包を開くや爆発し、その結果、Bが死亡した場合[5]が、それである。

国越犯罪という言葉は、1970年代からしだいに使用されるようになってきた。国越犯罪は、概念的には広義の国際犯罪に含まれるのではあるが、「国際犯罪」という言葉が狭義で用いられることも多いので、それとの混同を避けるため「国越犯罪」という言葉が用いられるようになったのであろう。

2000年12月15日、国連の国越組織犯罪防止条約(UN Convention against Transnational Organized Crime) が締結された。この条約によれば、犯罪は、(a) 2以上の国で行われたもの、(b) 1国で行われたのであるが、その準備、計画、指示等の実質的な部分が他国において行われたもの、(c) 1国で行われたのであるが、2以上の国において犯罪活動を行う組織犯罪集団が関与しているもの、(d) 1国で行われたのであるが、他国に実質的な影響を有す

---

5) 第5例は、国際的な離隔犯の事例である。この事例において犯罪地の決定について遍在説（ないし混合説）を採れば、属地主義にもとづき、日本で犯人Aを殺人既遂で罰することができる。

るものが、「国越的」(transnational) なものとされる。このように、「国越的」という言葉が国連条約の名称に用いられたことは、注目されるところである。

〔2〕 刑法適用法

　内国刑法の場所的効力範囲に関する法規範は、普通、**刑法適用法**と呼ばれている。この意味における法の分野が狭義の国際刑法といわれることは、すでに述べた。狭義の国際刑法は、国際法ではなくて、国内法に属する。それゆえ、どの国も国外犯について内国刑法の効力が及ぶ要件を自由に定めることができる。

　ところで、刑法適用法といわれる法領域は、内国刑法の場所的効力範囲に関する法規範のみならず、内国裁判官による外国刑法の適用に関する法規範をも含むようになった[6]。

　1937年のスイス刑法は、外国刑法の適用を認めるに至った。それによれば、たとえば、外国でスイス国民に対する重罪または軽罪を犯した者がスイスで裁判される場合において、行為地（外国）の法律の方が犯人にとって軽い法律であるときは、その法律を適用する（5条1項）というものである。ここでは、**軽い法の原則**（Grundsatz der *lex mitior*）が規定されているのである。このような規定は、スイス以外の諸国の刑法典にも規定されている。

　たとえば、〔第6例〕スイス国民がオーストリアで放火し、スイスに逃げ帰った場合、スイス刑法221条（放火）では重懲役（Zuchthaus）（短期は1年、長期は20年）に処せられるが、オーストリア刑法169条（放火）では1年以上10年以下の自由刑に処せられるので、軽いほうの法定刑を適用して、犯人は1年以上10年以下の重懲役に処せられることになる。なぜなら、もし犯人が行為地国であるオーストリアで裁判を受けるとすれば、行為地

---

6) 森下「内国裁判官による外国刑法の適用」同・基本問題157頁以下。

8　序章　国際刑法の概念

法によって裁判されるはずだからである。

〔3〕　刑事国際法
A　意義と問題の所在

刑事国際法（droit international pénal）は、第2次大戦後、用いられるようになった言葉である。1954年、ベルギーのグラーゼル（Stéfan Glaser）は、『刑事国際法研究入門』（Introduction à l'étude du droit international pénal）と題する本を出版した。

彼がこの本で新しい法領域としての「刑事国際法」を提唱したのは、戦後設けられた二つの国際軍事裁判所、すなわち、ニュールンベルグ（Nürnberg）軍事裁判所と東京軍事裁判所の裁判を契機とするものであった。これらの軍事裁判所では、平和に対する罪、戦争の罪および人道に対する罪を犯したという理由で戦争犯罪人に対する裁判が行われた。この裁判は、戦勝国である連合国側が敗戦国の責任者、軍人などを裁くものであって、一種の超国家的（supranational）な性格のものであった。その裁判の根拠となる法は、超国家的法（droit supranational）の性格をもっていたので、国際法に属する。その国際公法が刑法と境を接するので、グラーゼルは、「刑事に関する国際法」という意味で、「刑事国際法」という言葉を用いたようである。

ところで、何が「平和に対する罪」、「戦争の罪」、「人道に対する罪」かは、必ずしも明らかでない。言いかえると、犯罪構成要件が明らかでない。グラーゼルによれば、刑事国際法は慣習法であって、成文法ではない。そうだとすると、慣習法を法源として人を罰するのは罪刑法定主義に違反するのではないか、という問題が生ずる。この問いにつき、グラーゼルは、「慣習法としての刑事国際法には、罪刑法定主義は適用されない」と言っている[7]。

7）Glaser, Introduction á l'étude du droit international pénal, 1954, p. 9.

序章　国際刑法の概念　9

考えてみると、戦争犯罪人を裁く軍事裁判は、世界大戦という人類の悲劇に決着をつけるという特別の性格をもっていた。ニュールンベルグと東京の二つの軍事裁判所は、常設的な国際刑事裁判所ではなかった。**国際法犯罪**（*delicta juris gentium*）ないし**世界法犯罪**（世界的法益を侵害する罪）の行為者を裁くことを任務とする常設の**国際刑事裁判所**は、人類の夢とされてきた。その夢は、ようやく1998年7月、ローマで締結された国際刑事裁判所規程（ローマ規程）によって実現された（20頁以下を見よ）。

　B　条約による刑事国際法

ところで、慣習法としての刑事国際法は、犯罪者の人権擁護という見地からは、決して望ましいものではない。内国刑法における諸原則は、刑事国際法についても妥当することが認められなければならない。そこで、第2次大戦後、条約によって国際法犯罪の構成要件をできる限り明確にし、その条約にもとづいて締約国が裁判権を設定すること、つまり、犯罪構成要件を定め、かつ、国外犯についても内国刑法の効力が及ぶようにすることを義務づけることが、しばしば行われるようになった。これが、**条約による刑事国際法**（droit international pénal conventionnel）[8]と呼ばれるものである。

条約による刑事国際法は、つとに、19世紀のころから、海賊行為の処罰を初めとして、多くの世界法犯罪について存在した。第2次大戦後、世界が狭くなり、国際犯罪の制圧のための国際連帯性の強化が要請されるにつれて、世界法犯罪の制圧をめざす新しい条約が相次いで締結されるようになった。

たとえば、1970年の航空機不法奪取防止条約（いわゆるハイジャック防止条約）は、飛行中の航空機内における(1)暴行、暴力による脅迫その他の威嚇手段を用いて当該航空機を不法に奪取し、または管理する行為（未遂を含む）および(2)上記の行為に加担する行為を犯罪とすること（1条）、並

---

8)　Glaser, Droit international pénal conventionnel, vol.1, 1970, vol. 2, 1978.

びにその犯罪行為について重い刑罰を科することができるようにすること（2条）を、締約国に義務づけている。わが国では、この条約にもとづいて、航空機強取等処罰法（昭45法律68号）が制定された。

　これによると、航空機不法奪取防止条約は条約による刑事国際法の法源となっていることが理解される。ところで、ここでは、(1)「不法に奪取し又は管理する」（unlawfully seizes or exercises control）という文言が犯罪構成要件を明示するものとして十分であるか、(2)「重い刑罰」（severe penalties）という文言は、科せられるべき刑罰の種類と重さを明確に規定していないのではないか、という問題がある。言いかえると、この条約では罪刑法定主義は必ずしも遵守されていないのではないかということが、問題となる。だが、法制、刑罰体系などを異にする多数の国が条約の締約国となることが期待されているのであるから、条約の文言としては、いわば最大公約数的な表現を用いるにとどめざるをえない。その結果、刑事国際法においては、内国刑法におけると同じ意味での罪刑法定主義は採用しがたいことになる。

　それゆえ、重要な意味をもつのは、今日、刑事国際法と呼ばれる法領域の大部分が条約による刑事国際法によって占められており、かつ、刑事国際法は、これを広義の国際刑法（ないし国際刑事法）に含まれるものとして考えることができる、という点である。

　ここで注意すべきは、刑事に関する国際条約で犯罪化が義務づけられる行為は、多くの場合、世界主義の対象とされる犯罪であることである。たとえば、わが国の航空機強取等処罰法5条は、同法所定の罪（1条から4条まで）は「刑法第2条の例に従う」と規定している。これによれば、国外犯についても犯人の国籍いかんを問わず、日本の刑罰法規の効力が及ぶことになる。

〔4〕 国際刑事司法共助法

A 分類

国際刑事司法共助 (international legal assistance in criminal matters; entraide judiciaire internationale en matière pénale) という言葉は、広狭さまざまな意味で用いられている。それは、次のように分類することができる。

a. 古典的形態の国際刑事司法共助
　(1) 犯罪人引渡し
　(2) 狭義の刑事司法共助
b. 新しい形態の国際刑事司法共助
　(3) 外国刑事判決の執行
　(4) 刑事訴追の移管

上記四つの形態の司法共助のうち、前2者は、**広義の国際刑事司法共助**と呼ばれ（ただし、この表現はあまり用いられない）、これに後2者を併せたものは、**最広義の国際刑事司法共助**と呼ばれることがある。このように言うと、同じ一つの言葉が狭義、広義および最広義の3種類に用いられることになり、その結果、概念の混淆を生ずることがある。そこで、最広義の国際刑事司法共助のことを**国際刑事司法協力**（international judicial cooperation in criminal matters）と呼ぶことがある。

B 沿革と特質

歴史的には、まず、犯罪人引渡し（extradition）が発達した。この制度の起源は古いが、今日見られるような犯罪人引渡しは、中世初期以来行われ、19世紀になって初めて法制度として国際公法の体系の中で完全に樹立された。

狭義の司法共助——それは「小さな司法共助」（minor legal assistance, entraide judiciaire mineure）とも呼ばれている——は、犯罪人引渡しに伴って徐々に発達した制度であって、関係国の司法当局を介して行われる文書の送達、情報の提供、証拠の収集などを意味する。

犯罪人引渡しと狭義の司法共助とは、従来から存在する国際刑事司法共

助であるので、**古典的形態の国際刑事司法共助**と呼ばれる。この二つの形態の司法共助は、主権国家間の国際法上の共助行為にほかならない。

これに対して、第 2 次大戦後に登場した外国刑事判決の執行と刑事訴追の移管とは、新しい形態の国際刑事司法共助と呼ばれている。この形態の司法共助は、刑法の国家性の原則 (principe de la nationalité du droit pénal) の変革を前提にしている。最近では、新しい形態における司法共助の果たす役割が、しだいに重要なものとなりつつある。

C 国際法の観点と国内法の観点

広義の国際刑事司法共助に関する法規範は、国際法の領域と国内法の領域とに存在する。このことを犯罪人引渡しに例を取って言えば、犯罪人引渡しに関する条約は刑事国際法の領域に属するのであるが、犯罪人引渡法 (extradition law, droit extraditionnel, Auslieferungsrecht) と呼ばれる法規範は、国際法の領域と国内法の領域とに見出される。

国際刑事司法共助は、広義の国際刑法に含まれる。そこに多くの手続法的規定が含まれていることからすれば、広義の国際刑法を**「国際刑事法」**と呼ぶこともできる。国際刑事法という表現は、たとえば、国際法における一事不再理《ne bis in idem》の原則について論ずるような場合[9]には、「国際刑法」という表現よりも適切であるように見える。将来、国際刑事訴訟法と呼ばれる法領域が発達すれば、あたかも国内法において刑法と刑事手続法とを含めて刑事法と呼ぶことがあるように、国際刑法と国際刑事訴訟法とを併せて「国際刑事法」というほうが適切とされることになるであろう。

5 国際捜査共助

わが国の国際捜査共助法 (昭 55 法律 69 号) によれば、国際捜査共助とは、

---

9) 森下「国際刑事法における ne bis in idem の原則」同・基本問題 82 頁以下を見よ。

「外国の要請により当該外国の刑事事件の捜査に必要な証拠を提供することをいう」（1条1号）。この定義は、国際捜査共助法が外国の要請（request）にもとづき、わが国で行う証拠の収集手続を定めたものであることからして、いわゆる受動的捜査共助（passive investigation assistance）についての定義を下したものである。

これに対し、一般的に国際捜査共助という中には、外国に要請して内国の刑事事件の捜査に必要な証拠の提供を受ける場合も含まれる。これは、いわゆる能動的捜査共助（active investigation assistance）の場合である。このほか、国際捜査共助法は、国際刑事警察機構（International Criminal Police Organization=ICPO）への協力を規定している（17条）。それによれば、国家公安委員会は、国際刑事警察機構から外国の刑事事件の捜査について協力の要請を受けたときは、相当と認める都道府県警察に必要な調査を指示するなどの措置をとることができる（同条1項）。これは、**国際警察協力**（coopération policière internationale）と呼ばれる国際協力の典型的な一形態である。

国際捜査共助の実施にあたって法律問題が生ずるのは、外国から共助の要請があった場合である。たとえば、〔第7例〕フランス人 A がフランスの美術館から盗み出した絵画を日本に送り、日本で売りさばく意図で日本国内の某所に隠匿している場合において、フランスから「その絵画を捜索・差押えして、フランスに返還してもらいたい」旨の要請を受けたときが、それである。

この事例の場合、A のフランス国内における窃盗行為および盗品である絵画の日本国内における運搬・隠匿については日本刑法の適用はない。したがって、これは日本の刑事事件ではないので、刑事訴訟法を適用して捜索・差押えを行うことはできない。そこで、国際捜査共助法は、このような場合に、刑事訴訟法を準用することとしている（12条）。国際捜査共助をするため、内国（被要請国）の捜査機関は、必要に応じて任意捜査および強制捜査をするのであるが、外国の要請にもとづく共助とはいえ、強制処

分の対象者の人権を侵害するおそれがあることにかんがみ、国際捜査共助法は、刑事訴訟法を準用することとしたのである。それゆえ、第7例の場合、日本の捜査当局は、裁判官の発する令状にもとづき、捜索・差押えをすることになる。

6 国際刑事警察機構

〔1〕 沿革

国際警察協力において重要な役割を果たしているものに、**国際刑事警察機構**がある。この機構は、わが国では、ICPO（アイ・シー・ピー・オー）と呼ばれているが、国際的には"Interpol"または"INTERPOL"の名称で呼ばれることが多い。条約や外国の国内法の中には Interpol または INTERPOL の略号を用いているものがある[10]。

国際刑事警察機構の歴史は、1914（大正3）年に始まる。1923（大正12）年には、国際刑事警察委員会（International Criminal Police Commission＝ICPC）が創設され、その本部がオーストリアのウィーンに置かれた。日本は、1952（昭27）年、これに加盟した。1956（昭31）年、第25回 ICPC 総会は、新たな国際協力の要請に応えて規約を全面改正し、国際刑事警察機構を設立する **Interpol 憲章**を採択した。同憲章は、1956年7月13日に施行された。

この憲章（Constitution）第2条は、機構の目的について次のとおり規定する。

第2条 本機構の目的は、次のとおりである。
  (a) 各国の国内法の範囲内で、かつ、「世界人権宣言」の精神に基づき、すべての刑事警察間における最大限の相互協力を確保し、及び推進すること。
  (b) 一般法犯罪（ordinary law crimes）の予防及び鎮圧に効果がある

---

[10] Interpol の加盟国は、2002年8月現在、178 ヵ国に及んでいる。

と認められるあらゆる制度を確立し、及び発展させること。

この規定によれば、Interpol の機能は、(1) 国際犯罪（広義）に対する国際協力のための活動、および(2) 犯罪の予防と鎮圧に効果があると認められ

国際刑事警察機構

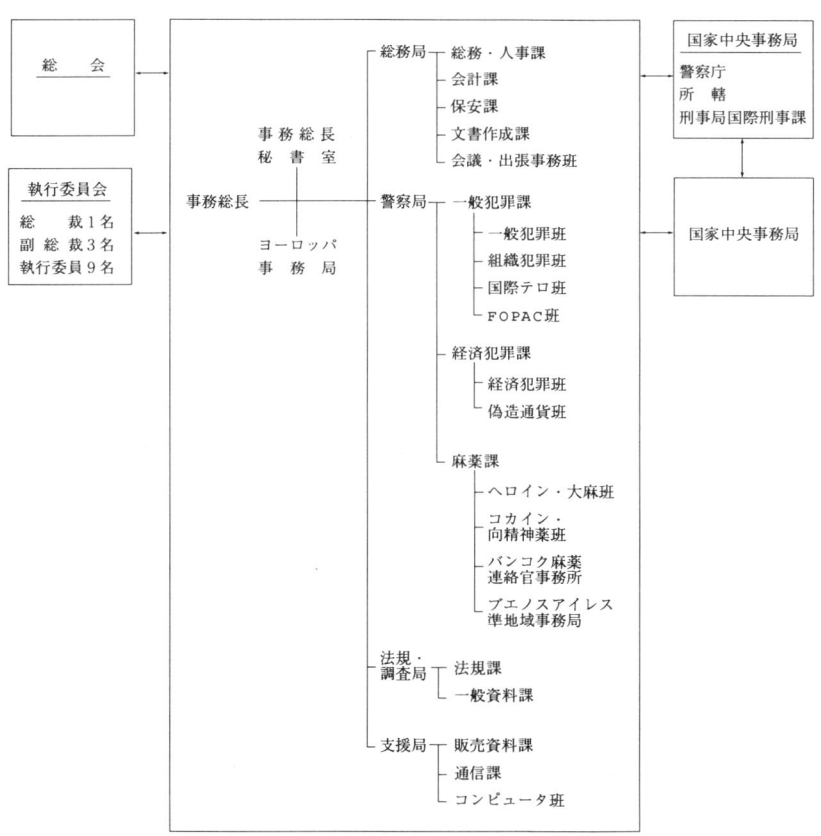

るあらゆる制度の確立と発展のための警察活動の技術協力、の二つに大別される。

〔2〕 組　織[11]

　Interpol 本部は、かつてはパリ郊外にあったが、現在、フランスのリヨンに置かれている。Interpol の構成は、前頁の図に掲げるように、総会、執行委員会、事務総局、国家中央事務局（NCB=National Central Bureau）および顧問とされている（憲章5条）。

　総会の任務は、Interpol の最高意思決定機関として規則の制定、構成員に対する勧告等である（憲章8条）。執行委員会の任務は、総会の決定事項の実施の監督、事務総長の監督等である（憲章22条）。事務総局の役割は、総会および執行委員会の決定事項の実施、一般犯罪との闘いにおける国際的中心としての機能、情報の中心としての機能などを果たすことである（憲章26条）。

　国家中央事務局（NCB）は、Interpol に対する協力を確保するために各国において指定された機関であり、特に犯罪捜査の国際協力の分野における活動において重要な役割を果たしている（憲章32条）。

〔3〕 機構の法的性質

　Interpol 憲章4条1項は、「いかなる国も、その任務が機構の活動範囲にある警察（any official police body）を構成員として機構に代表させることができない」と規定する。それゆえ、この条項を形式的に解釈する限り、Interpol は国を構成員とするものではないので、政府間機関（intergovernmental organization）ではない。

　しかしながら、憲章によれば、(1) Interpol への加盟申請は、関係政府当局から事務総長あてに提出されることを要し（4条2項）、(2) 各国は国

---

11)　警察庁・国際刑事警察機構 ICPO-INTERPOL（1991年）2頁、9頁。

家中央事務局（NCB）としての機能を果たす1機関を指定すること（1加盟国1機関の原則）とされており（32条）、(3) 機構の最高機関である総会（6条参照）に出席する首席代表は、国ごとにその関係政府当局によって任命された1名に限るとされている（7条1項）。

これらの点に照らせば、Interpol は、「国」としての参加および活動を認めないものの、「政府間機関」というにふさわしい実態をなしている。このような性格は、国を国際的な警察活動に関与させて国際政治の渦中に巻き込まれることを避け、また、逆に一国のもつ政治問題を、警察活動を通じて国際分野に波及させることを防ぐのに役立つのであり、第2次大戦前の歴史的な体験をふまえて、機構の存続と活動を効果的ならしめるために工夫されたものである。

このような理由から、国際的には Interpol に政府間機関としての性格を認めることで、見解は一致している。1971年5月20日、国連の経済社会理事会は、Interpol を政府間機関と認める決定をした。この地位は、1982年に国連副事務総長の「Interpol の法的地位について」と題する覚書（note）によって認められた[12]。

〔4〕 機能と国際手配制度
A 機 能

Interpol に求められる主要な機能は、刑事事件に関する情報または資科の交換である。Interpol は、加盟各国の捜査機関に、不断の積極的な相互協力と、でき得るすべてを行うことを義務づけている（憲章9条、31条）。

犯罪の国際捜査を行う場合、外国の捜査機関による捜査協力が不可欠である。外国の捜査機関に対する協力は、Interpol を介して行われることがほとんどであって、わが国では国家中央事務局（NCB）である警察庁を経

---

12) Montreuil, La coopération européenne, dans: Mélanges offerts à Georges Levasseur, 1992, Litec, p. 64.

て行われる。

B　国際手配制度

　国際犯罪捜査を行うための協力方策のうち、**逃亡犯罪人の国際手配**は、Interpol による国際協力のうちで特に重要なものである。国際手配には、(1) いわゆる手配書によるもの、(2) 回章その他によるもの、および(3) 時には専用無線網を使って緊急手配するものがある。この「緊急手配」は、迅速性の利点があることから、実務上、ごく一般化している。

　事務総局が発行する国際手配書（international notice）には、次の7種類がある。

1　国際逮捕手配書（**赤手配書**）
　　引渡しの請求を前提として逃亡犯罪人の身柄拘束を求めるもの
2　国際情報照会手配書（**青手配書**）
　　国際犯罪者の所在・身元・犯罪経歴等に関する情報を求めるもの
3　国際行方不明者手配書（**黄手配書**）
　　行方不明者、自救無能力者等に関する情報を求めるもの
4　国際防犯手配書（**緑手配書**）
　　常習的国際犯罪者につき通報して、各国警察の注意を促すもの
5　国際身元不明死体手配書（**黒手配書**）
　　自国内で発見された身元不明死体につき通報して、その身元を照会するもの
6　国際盗品手配書（**白手配書**）
　　美術品につき通報して、その所在調査等を依頼するもの
7　国際特殊手口手配書（**紫手配書**）
　　特異な事件・手口につき通報して、各国警察の注意を促し、また関連情報を照会するもの

　これら7種類の手配書について、それぞれ色別の名称が付いているのは、各手配書の右上角に赤、青などの色が印刷されているからである。

　これらの手配書のうち、最も重要な意味をもつのは、赤手配書である。

赤手配書の性格は、司法当局が発付した「一般法犯罪」の被疑者の逮捕状を根拠に「犯罪人引渡しの請求予定」の意思を表示して、発見国の警察に被手配者の身柄の拘束を求めるものである。しかしながら、赤手配書にもとづいて発見国の警察が被手配者の身柄を拘束することができるかどうかは、発見国の国内法制のいかんによる。この点が、重要である。

わが国は、従来、逃亡犯罪人の拘禁に関しては、青手配（国際情報照会手配）のみをしてきた。その理由は、(1) 憲法33条に定める令状主義との関係、および(2) 国際司法協力の基本原則である相互主義との関係を考慮して、日本から赤手配をすることを遠慮したのである。

しかし、青手配をするだけでは、国際犯罪者（たとえば、日本からの逃亡犯罪人）の所在等に関する情報を提供してもらうだけであって、犯人の現在する国でその者の身柄を拘束してもらうことはできない。青手配の場合、犯人の身柄を拘束してもらうことができるのは、日本から犯人の逃亡先の国に犯罪人引渡しの（正式の）請求が送付され、受理されたときである。その手続には、通常、少なくとも数日を要する。その間に犯人は、ほかの国へ移動してしまう。犯人が航空機、列車、自動車等を利用して短時間のうちに他の国へ自由に移動することができる現状では、青手配書は、犯人の拘禁にはほとんど役に立たない。

もともと、わが国が赤手配書の発付を遠慮したのは、上記(2) の理由、すなわち、相互主義との関係を考慮したからである。言いかえると、日本は、外国から赤手配書を受け取っても憲法33条に定める令状主義との関係で、直ちに被手配者を仮拘禁することはできないのであるから、外国に対し、日本から赤手配をすることは相互主義に反すると考えて、赤手配書の発付を遠慮していたのである。

しかし、相互主義は、近時、ゆるやかに解釈・運用される傾向にある。学説の中には、国際刑事司法共助については相互主義を放棄すべきである、との見解を主張するものもある。このような見地からすれば、外国からわが国に赤手配がなされた場合、(1) 上記の理由により、外国からわが国に対

して赤手配がなされたというだけでは、日本で犯人を仮拘禁することができないとしても、日本から外国に赤手配をすることは可能な訳である。

このようにして、わが国は 1989 年 1 月、従来の方針を変更して、青手配と並んで赤手配をする複数路線への切替えをした。これは、日本連合赤軍メンバー 12 人に係るものであって、従前の青手配を赤手配に切り替え、Interpol 加盟各国に再手配したのである。その背後には、ヨーロッパを中心にしてかなりの国が、国際手配の相互主義をあまり重視せず、犯罪の凶悪性などを重視して逮捕手配（赤手配）に応じることを承諾したため、Interpol も日本側からする赤手配を認めたという事情がある。

7 国際刑事裁判所

〔1〕 沿革

第 1 次世界大戦後、重大な国際犯罪を犯した個人の刑事責任を問う常設の国際刑事裁判所を創設せよ、という主張は、国際法委員会（International Law Association）や国際刑法学会（AIDP, IAPL）などを初めとする学術団体を中心として展開されてきた。第 2 次大戦後、常設の国際刑事裁判所の設立は、悲惨な戦争を体験した人類の悲願にも似た課題とされた。

そのような折から、旧ユーゴで重大な国際人道法違反が犯されるに至り、それらの犯罪の責任者を裁くため、旧ユーゴ国際刑事裁判所（ICTY）の設置が、1993 年 5 月 25 日の国連安全保障委員会（安保理）の決議によって決定された。

この ICTY は、次の 4 つの重大犯罪につき管轄権を有する。(a) 1949 年のジュネーヴ 4 条約の重大な違反（2条）、(b) 戦争法及び慣習の違反（3条）、(c) ジェノサイド（4条）、(d) 人道に対する罪（5条）。

次いで、ルワンダ国際刑事裁判所（ICTR）が、国連憲章第 7 章に基づき、1994 年の間にルワンダ及びその近隣諸国で犯されたジェノサイドその他重大な国際人道法違反につき個人の刑事責任を問うことを目的として、設立された。その管轄に属する犯罪は、ICTY におけると大差はない。

序章　国際刑法の概念　21

〔2〕　国際刑事裁判所の設立

　上記の ICTY および ICTR は、*ad hoc*（臨時、特定）の性格を有するものであるが、これら両者が常設の国際刑事裁判所の設立に大きな影響を与えたことは、疑いない。

　1994年7月21日、国連国際法委員会は、第46回会期において「国際刑事裁判所規程草案」を採択した。その後、国連総会の決議により、新たに国際刑事裁判所設立準備会が設けられた。同準備会は、国際刑事裁判所（ICC）を設立するための外交会議に提出する規程草案テキストを策定した。

　1998年6月15日から7月17日までローマにおいて開催された上記の外交会議において国際刑事裁判所規程（ICC Statute）（ローマ規程）が採択された。その投票結果は、賛成120、反対7（米国、中国、イスラエルなどを含む）および棄権21であった。大国である米国が反対に回ったことは、ICCが果たして有効に機能しうるか、という疑問を生むこととなった。

　ローマ規程は、2002年7月1日に発効した。2002年8月現在、ICC 規程を批准した国の数は、76ヵ国に達している。また、ICC は、オランダのハーグに置かれる。

〔3〕　ICC の基本的性格

　ICC（フランス語では、CPI と略称）は、「国際社会全体の関心対象となる最も重大な犯罪」に限り管轄権を有する常設の国際裁判所である。しかし、世界連邦というような超国家的主権機構が有する裁判権を行使する裁判所ではなくて、国内の刑事裁判所を補完するものである。この「補完性の原則」（principle of complementarity）は、ICC の基本的性格を特色づけるものであるが、同時に ICC の果たす役割を限界づけるものともなっている。

〔4〕　ICC の管轄に属する犯罪

　ICC が管轄権を有する犯罪（管轄犯罪）は、次の4種類である（5条1

項)。

　　a　ジェノサイド（集団殺害）の罪（the crime of genocide）

　　　ジェノサイドとは、国民、民族、種族または宗教集団の全部または一部を破壊する意図をもって、集団の構成員を殺害するなどの行為をいう（6条）。

　　b　人道に対する罪（crimes against humanity）

　　　人道に対する罪とは、いずれかの一般住民に向けられた広範な攻撃または系統的な攻撃の一環として、その攻撃を知りながら行った殺人、奴隷化、拷問、強姦、迫害などの行為をいう（7条）。

　　c　戦争犯罪（war crimes）

　　　戦争犯罪とは、1949年8月12日のジュネーヴ諸条約の重大な違反、その他国際武力紛争に適用される法規および慣行の重大な違反などをいう（8条）。

　　d　侵略の罪（the crime of aggression）

　　　侵略の罪は、「侵略」の意義について会議の合意が得られるに至らなかったので、当分の間、ICCの管轄犯罪から除外された。

第1編

刑法適用法

はじめに
第1章　属地主義
第2章　属人主義
第3章　保護主義
第4章　世界主義
第5章　代理処罰主義
第6章　代理主義
第7章　外国刑事判決の効力

はじめに

〔1〕 刑法適用法の意義

刑法適用法とは、すでに述べたように、主として内国刑法の場所的適用 (application of municipal criminal law in space, application de la loi pénale dans l'espace) に関する法規範、すなわち、内国刑法の場所的効力が及ぶ範囲に関する法規範を意味する。たとえば、国外犯（国外で行われた犯罪）についても日本刑法が適用されることを定めた法規（刑法2条、3条など）が、それである。これは、古典的な意味における刑法適用法ということができるであろう。

「場所的」ということは、地理的空間における、という意味である。ここでは、「場所的」は、「時間的」に対比して用いられる。刑法の時間的広がりにおける適用に関する法規範は、**時際刑法**（intertemporales Strafrecht）と呼ばれている。これは、刑法が時間的関係において、どのように適用されるか、という問題を取り扱うものである。時際刑法としては、通常、(1)刑法の遡及的適用が許されるかどうか、(2) 犯罪後の法令によって刑法が変更されたときはどうなるか、(3) いわゆる限時法とはどういうものか、というようなことが問題とされている。

ところで、古典的意味における刑法適用法と並んで、近時、内国裁判所による外国刑法の適用、外国刑事判決の効力の承認などの問題が登場してきた。これらの問題を取り扱う法規範も、刑法適用法の領域に含まれるであろう。

これまで、世界の国々は、刑罰権は国家に属するという**「刑法の国家性の原則」**を堅持してきた。この原則は、国家主権の観念に基礎を置くものであるが、今や世界が狭くなり、主権の観念がゆるめられるにつれて修正を受けている。それが、内国裁判所による外国刑法の適用、外国刑事判決

第1章　属地主義　25

の効力の承認などの新しい問題を生んだ。このような刑法適用法の新しい分野は、今後、重要な意義をもつであろう。

〔2〕　刑法適用法の新しい原則

　古典的な意味における刑法適用法の諸原則は、人類の永い歴史を通じて徐々に発達してきた。最初に登場したのは、部族法の時代に見られる属人主義であるが、やがて国家刑罰権の確立に伴って属地主義、次いで保護主義が登場した。17世紀には、自然法学者によって世界主義の考え方が提唱された。

　これらの諸原則は、一応、19世紀に確立した。20世紀に入って刑法適用法に新しい発展が見られるようになった。これは、一方では、ナショナリズムの崩壊により国家主権の観念が緩められたこと、他方では、**犯罪防止のための国際的連帯性**の考えが高まったことの結果であろう。

　刑法適用法における新しい原則としては、代理処罰主義および代理主義が挙げられる。これらの原則は、近時、しだいに重要性が認められつつある。

〔3〕　裁判権の競合

　内国刑法の場所的適用範囲に関する法規範は国内法であるので、内国がこれを自由に定めることができる。最近における立法例では、内国刑法の適用範囲を拡大する傾向が顕著である。わが国の現行刑法は、制定当時（1907年）に支配的であった伝統的諸原則を採用している。そのため、わが国の刑法適用法は、やや時代遅れのものとなっている。

　諸国の刑法の適用（裁判権ともいわれる）は、しばしば競合することがある。たとえば、〔**第8例**〕日本人Aが米国（アメリカ合衆国）でドイツ人を殺した場合を考えてみよう。この場合には、(1) 犯罪地国である米国には属地主義にもとづき、(2) Aの国籍国である日本には属人主義にもとづき、(3) 被害者の国籍国であるドイツにはいわゆ受動的属人主義（国民保護主義ともいう）にもとづき、それぞれ刑法の適用が認められる。言いかえると、

一つの事件につき、アメリカ、日本およびドイツの刑法が競合して適用されることになる。これが、刑法適用の競合、あるいは**裁判権の競合**（conflits de juridiction）といわれるものである。

いわゆる裁判権の競合の場合には、どの国が現実に裁判権を行使するか、すなわち、犯人を訴追し処罰するか、という問題が生ずる。普通、犯罪地国が裁判権を行使する。というのは、(1) 犯罪地国は、自国の法秩序が侵害されたので、犯人を処罰することによって法秩序の回復を図ろうとするし、また、(2) 犯罪地国には犯罪の証拠が存在するので、訴訟追行に好都合であるからである。

これに対し、**第8例**の犯人Aにとっては日本で裁判を受ける方が都合がよい、という場合があろう。なぜなら、日本で裁判を受けるとすれば、日本語で裁判を受け、かつ、日本人である弁護人の弁護を受けることができるので、十分に防御権の行使をすることができるからである。そのほか、仮に刑に服することがあるとしても、家族、知人らと面会することができ、さらに出所後の社会復帰にも好都合である、という事情もある。これらの事情を考慮して犯人 A を日本で裁判することとすれば、第1次の裁判権をもつ米国から第2次の裁判権をもつ日本へ、Aの引渡しをすることになろう[1]。

なお、第8例にあっては、被害者の応報感情が強いのは、ドイツであろう。しかし、上記の諸事情を考慮すると、ドイツが現実にAを訴追することがあるとすれば、それは、Aがドイツに現在する場合において、Aをドイツで訴追するのが相当とされるとき、であろう。

---

1) これは、刑事訴追の移管といわれる国際刑事司法共助の一形態である。これについては、第2編第4章（180頁以下）を見よ。

第1章　属地主義

1　意　義

　属地主義は、外国語では territorial principle（英）、compétence territoriale, principe de la territorialité（仏）、Territorialitätsprinzip（独）などと呼ばれている。

　属地主義とは、内国で犯されたすべての犯罪に対して、行為者または被害者の国籍のいかんを問わず、内国刑法の効力が及ぶ、という原則である。ここでは、侵害の対象が内国の法益であると外国の法益であるとを問わない。

　今日、世界の諸国は、属地主義を刑法適用法の基本原則として採用している。したがって、そのほかの諸原則は、普通、**属地主義に対して補充的役割を果たすものとされる**。つまり、属地主義では足りないところを、属人主義、保護主義などが補充することによって、内国刑法の場所的適用範囲を拡大しているのである。

2　沿　革

　属地主義の起源がどこに見出されるかは明らかでないが、古代ギリシャでは、犯罪地である都市は、すべての場合に裁判をなすべき義務を負った。そして、犯罪地で犯人に対する復讐をするための訴訟が組織された。しかし、5世紀以降、ギリシャでは、都市間の協定により、私的復讐のための訴訟を行うことは廃止され、公訴を行うための裁判権が定められた。その場合、裁判権は普通、犯罪地に認められた。すなわち、属地主義が原則とされた。

時代が下って封建制の時代になると、属地主義はいっそう明確なものとなったようである。それは、封建制が、その基盤を土地所有権の確立の上に見出したからであろう。

ところで、属地主義は、直訳すれば、領土主義ないし領域主義を意味する。この言葉から理解されるように、近代国家にあっては、**国家主権の及ぶ領域** (territory) 内で犯された罪について行為者の国籍いかんを問わず、その国の刑法が適用されることになる。これが、属地主義の意義である。それでは、近代国家に限らず、およそ国家の成立以前はどうであったか。おそらく、その場合には、刑罰権を有する集団ないし組織体の統治権の及ぶ場所的範囲が「領域」であったのであろう。

属地主義にあっては、犯罪地が**刑罰権** (jus puniendi) にとって重要な役割を果たす。この意味における近代的な属地主義は、中世においてイタリア注釈学派によって主張され、急速に広まった。

3 属地主義の根拠

歴史的には、刑法適用法の基本原則としては、まず、属人主義が登場した。それにもかかわらず、今日、世界の諸国で属地主義が基本原則とされているのは、なぜであろうか。この問いに対しては、普通、次の二つが主要な理由として挙げられている。

〔1〕 **主権国家の法秩序の維持**

属地主義は、国家主権の観念を基礎としている。言いかえると、主権の及ぶ範囲の領域（すなわち、領土、領海および領空）内で犯された罪については、その国は主権にもとづいて刑罰権を行使し、それによって法秩序の維持を図るのである。

たとえば、日本国内のある地域で幼児を誘拐して殺害する事件が相次いで発生したとする。付近の住民は、犯人が逮捕されるまでは子どもを戸外で遊ばせないようにするとか、子どもが幼稚園や小学校と自宅との間を通

うについても、親が付き添うとか、集団登下(園)校させるとかしなければならず、その結果、大きな社会的不安が惹き起こされることになる。まして や、誘拐された幼児が殺された場合には、被害者の親族のみならず、友だち、さらには広い範囲の社会の人々の間に、犯人に対する強い応報感情が生ずることになる。

このようにして、犯罪地国は、犯人を処罰する権利を有するのみならず、処罰すべき義務を負うことになる。犯人を検挙し、裁判し、処罰することによって、犯罪地国は、侵害された法秩序を回復することになる。

〔2〕 証拠収集上の利点

犯罪地国では一般的に言って、他の国におけるよりも証拠の収集が容易である。証拠には、人的証拠と物的証拠とがあるが、犯罪地国では、犯行の目撃者や被害者がいるとか、犯行を裏づける物的証拠が存在するなどの理由により、犯人を訴追し、訴訟を遂行するための証拠の収集が容易である。

仮に上記の〔第8例〕の事例（25頁）について見れば、犯罪地国においては、証拠の収集が容易であり、かつ、犯人に対する訴追も迅速に行うことができる。ところが、日本がAに対する訴追を行うとすれば、多くの困難が伴う。たとえば、(1) 捜査記録（またはその認証謄本）や物的証拠を米国から日本の当局に貸与または供与してもらうこと、(2) 被害者や目撃証人が来日して、日本の捜査官憲の前で供述し、裁判官の面前で証言すること、(3) 犯人Aを日本に引き渡すことが必要とされる。

このうち、(1) の点については、法制の違いや言葉の壁があるために、日米両国間で刑事司法共助が円滑に行われたとしても、日本における捜査および訴訟の追行には、多くの困難が伴う。さらに、(2) の点については、被害者や目撃証人が健康上その他の理由により、日本に来て当局の面前で供述・証言するようにとの要請に応じないことがあろう。

このような事情で、犯罪地国における訴追に優先性を認める見解が、現

在では国際的に有力であるように見える。特に犯罪地国に共犯者（たとえば、現地人の殺し屋）がいて、その共犯者とともに犯人（**第8例**では、A）に対する裁判を行うのが相当とされる場合には、犯罪地国優先の方針が妥当とされるであろう[2]。

4 領域の範囲

属地主義にあっては、刑法の効力の及ぶ範囲は、領域 (territory) の範囲に限定される。

「**領域**」の意義は、国法上および国際法上の概念に従う。少数の例外を除いて刑法独特の領域概念なるものは認められない。問題となるのは、領海と領空である。領海の幅について、今日では国際条約による一般的性格をもついかなる決定も存在しない。かつては、領海3海里説が有力であったが、今日では、領海12海里説を採る国などがあって、領海の幅は、それぞれの国の自由な決定に委ねられている。わが国は、現在、12海里説を採っている。

領空の限度については、今日では**領空無限説**が通説である。もっとも、宇宙への航行が可能になり、また、宇宙ステーションの打ち上げが行われるようになって、「宇宙はだれのものか」という、新しい問題が登場している。

5 犯罪地の決定

〔1〕 犯罪地の意義

属地主義にあっては、犯罪地の決定が重要な意義をもっている。

犯罪地（*locus commissi delicti,* lieu de délit, Ort der Tat）の概念について

---

[2] アメリカのロサンゼル市で1956年11月、日本人M氏の妻Kさんが銃撃されて死亡した事件（いわゆるロスの「疑惑の銃弾」事件）につき、その後M氏は、日本でKさんに対する殺人の容疑で起訴された。これは当時、M氏が日本で別の殺人未遂事件で起訴され、勾留中であったことが考慮されたことによるであろう。

は、行為説、結果説および遍在説の三つの説がある。

a 行為説（Tätigkeitstheorie, théorie de l'action）

これは、身体の挙動のなされた地がもっぱら決定的であり、不作為犯にあっては作為義務の発生した地が決定的であるという説である。この説によれば、たとえば、〔第9例〕Aが東京の郵便局から毒まんじゅうの入った小包を航空便でパリにいるBに送り、Bがそれを食べてフランス国内で死亡した場合、東京が犯罪地ということになる。この事例の場合、一部行為説を採れば、日本の裁判所は、殺人未遂の責任しか問うことができない。しかし、それでは結果について責任が問われないことになって不都合であるので、学説では全部行為説が支配的である。この説によれば、内国刑法の効力は、内国で生じた構成要件的結果を含む全部の所為にまで及ぶことになる。

b 結果説（Erfolgstheorie, théorie du résultat）

この説は、結果の発生した国がもっぱら決定的であるとする。この説によれば、**第9例**にあっては、Aを殺人既遂で処罰することのできるのは、結果が発生した国であるフランスだけだ、ということになる。そうなれば、フランスの請求にもとづき、日本からAをフランスに引き渡すことになろう。

ところで、結果説には、いくつかの問題がある。まず、犯罪人引渡しにつき、条約前置主義（条約にもとづいてのみ引渡しを行うという原則）を採る国との間で、条約が締結されていないときには、犯罪地国から結果発生地国への犯罪人引渡しは行われないことになる。次に、犯人の現在する国が自国民不引渡しの原則を採るときにも、結果発生地国への引渡しは行われないことになる。

このような不合理な帰結は、結果説が挙動犯および未遂の場合を考慮していないことに由来する。

C 遍在説（Ubiquitätstheorie）ないし混合説（gemischte Theorie）

これは、行為説と結果説とを統合することにより、両説の欠陥を補おうとする説である。この説によれば、行為（身体の動静）のなされた地と結果の発生した地とは、ともに犯罪地に含まれることになる。

外国では、一般に遍在説という表現が用いられている。それは、犯罪行程（iter criminis）、言いかえると、犯罪構成要件のなんらかの一部でも行われた国で罪が犯されたものと解するのである。

遍在説に対しては、主権主義の拡大傾向の典型的現象であるとか、この説による犯罪地の擬制は、法学的には不体裁であるとかいう批判がなされている。しかし、それらの批判は、遍在説を克服するに足るものとは思えない。

遍在説の立場をとれば、**第9例**の事案の場合、日本の裁判所は、A につき殺人既遂の責任を問うことができる。なぜなら、B が死亡した地であるフランスも、「犯罪地」に含まれるからである。言いかえると、犯人 A は「日本国内において罪を犯した者」に該たると解されるからである。

なお、中間地も「犯罪地」に含まれる。たとえば、〔**第10例**〕東京の A から送られてきた毒まんじゅう入り小包をパリで受け取った B が、スイスに向かう列車の中で毒まんじゅうを食べ、スイスのジュネーブの病院で死亡したとする。この場合、毒まんじゅう入り小包が配達されたパリは、中間地であるが、「犯罪地」に含まれる。離隔犯の場合には、このようなことは少なからず見られる。

〔2〕 遍在説による裁判権の競合

遍在説によれば、同一の事件について属地主義にもとづき数個の国の刑法が適用される場合が少なからず生じる。

たとえば、**第9例**について見ると、A の犯罪につき、行為地である日本の刑法が属地主義にもとづいて適用され、また、結果発生地であるフランスの刑法が属地主義にもとづいて適用されることになる。つまり、属地主

義と属地主義が競合するわけである。これは、普通、**裁判権の競合**といわれているが、それ自体、なんら問題ではない。国外犯の場合には、このほか、属地主義と属人主義その他の諸原則との間にも裁判権の競合が、生じるからである。

いわゆる裁判権の競合の場合には、どの国が優先的に裁判権を行使するか、という問題が生ずる。これについては、従来、犯罪地国（特に結果発生地国）が優先的に裁判権を行使するという考えが強かったが、第2次大戦後、刑事訴追の移管という新しい制度が登場した（180頁以下）。

〔3〕 不作為犯と未遂犯

不作為も行為の一形態であるが、不作為については、どこが「犯罪地」かを明確にする必要がある。

これにつき、次の立法例が参考になる。

イタリア刑法　第6条（国内で犯した罪）
　罪を構成する作為もしくは不作為の全部もしくは一部がイタリア国内で行われたとき、又は作為もしくは不作為の結果がイタリア国内で発生したときは、その罪は、イタリア国内で犯したものとみなす。

ドイツ刑法　第9条（行為の場所）
　①　行為は、犯人が作為を行った地、もしくは不作為の場合には作為を行うべきであった地、又は構成要件に属する結果が現に発生した地、もしくは行為者の表象によれば発生するはずであった地の、いずれにおいても行われたものとする。
　②　共犯は、行為が犯された地のほか、共犯者が作為を行った地又は不作為の場合には、作為を行うべきであった地もしくはその者の表象によれば作為が行われるはずであった地の、いずれにおいても行われたものとする。国外犯の共犯者が、内国で行為を行ったときは、行為地法によりその行為に刑が定められていないときでも、共犯につき

ドイツ刑法が適用される。

　日本刑法1条1項は、「罪を犯した」とだけ規定しているが、不作為の場合については、イタリア刑法やドイツ刑法と同様に、作為に出るべきであった地および不作為により結果が発生した地が、犯罪地に該たると解される。

　未遂の場合につき、ドイツ刑法は、属地主義の妥当する範囲を不当に拡大しているように見える。同法9条1項は、未遂の場合には、行為者の表象によれば結果の発生すべきであった地も犯罪地である旨、規定する。それゆえ、たとえば、〔第11例〕日本からドイツに毒入り食品を送って人を殺そうとしたが、日本でその小包を押収された場合にも、属地主義にもとづき、ドイツ刑法が適用されることになる。ここには、刑法の適用領域を拡大することによって内国の法秩序の維持を図ろうとする国家の態度が見られる。

〔4〕 共犯の犯罪地の決定

　共犯の犯罪地の決定は、国際刑法において特別困難な問題の一つとされている[3]。最も狭く解する者は、共犯行為のなされた地のみを共犯の犯罪地と解する。これに対し、通説は、正犯行為のなされた地も共犯の犯罪地に含まれるとする。ドイツやフランスの判例も、この立場に立っている。ここでは、正犯行為と共犯行為とを不可分の全一体の犯罪と見る考えが根底をなしている。

6　船舶と航空機

〔1〕　旗国主義ないし登録国主義

　刑法1条2項は、「日本国外にある日本船舶又は日本国機内において罪を

---

[3]　森下「国際刑法における共犯」同・基本問題129頁以下において、共犯の犯罪地の決定につき、くわしく論述している。

第1章 属 地 主 義　35

犯した者についても、前項と同様とする。」と規定している。これによれば、日本国外に在る日本船舶または日本航空機内において罪を犯した者には、その者の国籍いかんを問わず、日本刑法が適用されることになる[4]。同様の規定は、すべての立法例に見られるところである。

　国外を航行中の内国の船舶または航空機の中で犯された犯罪について内国刑法の適用を認める原則は、**旗国主義**（Flaggenstaatsprinzip, système de l'Etat de pavillon）と呼ばれている。これは、船舶はその船籍のある国（登録国）の国旗をマストに掲げるべしとされていることに由来する名称であり、船舶について採用された原則が航空機についても採用されたためである。航空機についても、1ヵ国にのみ登録することとされており（1944年のシカゴ条約）、どの航空機にもその機体に航空機会社の記号がつけられている。1963年の航空機内の犯罪防止条約（いわゆる東京条約）などは、登録国（State of registration）という表現を用いている。そこで、旗国主義という表現よりも**「登録国主義」**という呼び方がより適当だ、とする見解が唱えられている。

　旗国主義は、登録国が船舶内または航空機内の安全と秩序について責任を負わされていることが一般的に認められているゆえに、国際的な承認を受けている。しかし、これは建前であって、国際社会の現実は必ずしもそうではない。現に、諸国の船会社は、税金の最も安い国（たとえば、リベリア）に自社の船舶を登録することをしばしば行っている。その結果、たとえば、日本の船会社が実質的に所有し、日本人の船員のみが運行している船ではあるが、その船籍はリベリアにあるという事例が見られる。このように、実質的には日本船舶であるが、法律上はリベリア国の船舶である場合において、その船舶内で罪が犯されたとき、リベリア国は――税金を徴収することだけに関心があって――裁判権を行使することには関心を示さ

---

[4]　日本国内にある日本船舶または日本航空機内において罪が犯されたときほ、本来の属地主義（刑法1条1項）により、日本刑法が適用されることになる。

ない。
　このような現実を直視するとき、船会社の登記がなされている国（たとえば、日本）にも裁判権を認めること（属地主義の拡大）、少なくとも船舶乗組員の法益が侵害されたときには乗組員の国籍国（たとえば、日本）の刑法の効力が及ぶとする立法（いわゆる国民保護主義の採用）が必要となるように思われる。
　旗国主義の性格については、属地主義の特別な場合と解する通説と、保護主義の特別な場合と解する少数説とが対立している。前者は、「浮かぶ領土」（territoire flottante）の理論にもとづくものとして、しばしば攻撃されている。しかし、この批判は必ずしも当たらない。内国の船舶や航空機を内国と同一に扱うことは、刑法の効力においてのみ意義をもつにすぎないからである。通説が妥当であろう。

〔2〕 裁判権の競合
　内国の港に入った船舶内または空港に着陸した航空機内で罪が犯された場合には、属地主義にもとづく内国の裁判権と船舶または航空機の登録国の裁判権とが競合することになる。この場合には、同一の船舶または航空機について「二重の領土」の理論が当てはまるのではなく、内国刑法と登録国の刑法とが同一の事件につき重複して適用されることになり、どちらの国が優先的に裁判権を行使するかが、問題になるだけである。
　これについては、犯罪の行われた船舶または航空機の側から、犯人の逮捕、犯罪の鎮圧等のため、入港または着陸した地（内国）の警察の協力を求めたような場合には、内国の裁判権が優先的に行使されるというのが、国際実務であるようである。たとえば、〔第12例〕日本の港に碇泊中の外国の船舶内で殺傷事件が発生した場合において、船長からの要請にもとづいて日本の警察官が外国船舶におもむいて犯人を逮捕したときには、日本が優先的に裁判権を行使することになる。

第1章　属地主義　37

〔3〕　残された課題

　技術革新が進むにつれて、船舶に該たらない海上構築物が公海上に設けられるようになった。仮に、その海上構築物の上で犯罪が行われたとすれば、属人主義や保護主義により内国刑法の適用がある場合は別として、属地主義にもとづく内国刑法の適用はないことになる。

　そうだとすれば、どこの国の刑法も適用されないことが起こりうる[5]。このような場合は、「**裁判権の消極的衝突**」(conflits négatifs de juridiction) と呼ばれている。この種の消極的な衝突を避けるためには、立法措置を必要とするであろう。

7　裁判権の免除[6]

〔1〕　意　義

　属地主義は、行為者の国籍いかんを問わず、内国で罪を犯した者に内国刑法を適用するという原則である。わが刑法1条1項が「すべての者に適用する」という文言を用いているのは、この趣旨にもとづいている。

　ところが、国家元首（国王、大統領など）や外交官等については裁判権の免除 (immunity, immunité)[7] が認められている。

　裁判権の免除とは、外国および国際機関並びにそれらに属する人々に、国際法に従い、内国の法秩序によって内国において保障される裁判権からの免除を意味する。

　わが国の国内法上、天皇にも刑法の効力が及ぶかが問題となる。仮に天皇が罪を犯したとしても、天皇は罰せられない。その法的性質については、

5）　英米法系の国は、特別例外的な場合を除いて属人主義を採用していない。大陸法系の国は、属人主義を採用しているが、海上構築物上で犯された罪の犯人が外国人であるときは、属人主義にもとづく内国刑法の適用はない。

6）　森下「国際刑法における裁判権の免除、治外法権及び庇護権」同・潮流89頁以下を見よ。

7）　"immunity"を「裁判権の免除」と訳すのは良い表現とも思えないが、わが国における公式訳であるので、それに従う。

(1)一身的刑罰阻却事由と見る説と、(2)訴訟障害と見る説とが対立している。後者は、皇室典範21条が「摂政は、その在任中、訴追されない」と規定していることから、その勿論解釈として、――天皇には譲位ということがないので――天皇は生涯訴追されることはない、と解するのである。後説が妥当であろう。

〔２〕 法 的 根 拠

　裁判権の免除の法的根拠としては、国際法の一般原則にもとづくものと特別の国際条約にもとづくものとの、２種類がある。

　Ａ　国際法の一般原則にもとづくもの
　国家元首に対する絶対的免除は、すでに国際慣習法によって承認されている。その根拠は、「国王は悪をなしえず」(The king can do no wrong)の命題に求められていた。それゆえ、たとえば、来日中の外国元首が交通事故を起こしたような場合は、その外国元首は、いかなる民事責任も刑事責任も問われることはない。ただ、現実の問題としては、外国訪問中の元首については、近時、身辺の警護が厳重であって、元首が罪を犯すことは、ほとんど考えられない。

　元首の家族および随員についても、国際慣習として裁判権の免除が認められている。

　Ｂ　特別の国際条約にもとづくもの
　代表的な国際条約として、次のものがある。
　　ａ　1961年4月18日の**外交関係ウィーン条約**(1964年4月24日発効。日本につき、1964年発効)
　　ｂ　1963年4月24日の**領事関係ウィーン条約**(1967年3月19日発効。日本未署名)
　　ｃ　1946年2月13日の**国際連合の特権及び免除に関する条約**（1946年9月17日発効。日本につき、1963年発効)

このほか、各国が2国間または多国間で締結した条約の数は多い。

〔3〕 法的性質と内容

　裁判権の免除の法的性質については、これを一身的刑罰阻却事由と見る説（一身的刑罰阻却説）と訴訟障害と見る説（訴訟障害説）がある。これに対する答えは、各関係国の国内法にかかっている。とはいえ、それらの国内法は、必ずしも明確にいずれかの説の立場から立法されている訳ではない。理論的には、**訴訟障害説**が妥当であろう。

　裁判権の免除といわれるものには、普通、訴追の免除のみならず、強制処分の免除が含まれている。

　訴追の免除は、被疑者が裁判権の免除を享ける者（免除享有者）であるときは、訴追を免除することを内容とするが、そのほか、免除享有者を証人として尋問することをも禁止する。

　これに対し、**強制処分の免除**は、逮捕、召喚、勾引、勾留、捜索、差押えなどの、すべての強制処分を禁止する。しかし、免除享有者の急迫かつ不正な侵害に対して正当防衛や緊急避難をすることができるのは、理の当然である。

〔4〕 絶対的免除から段階的免除へ

　1961年の外交関係ウィーン条約は、19世紀に確立した国際慣習法を成文化したものにすぎない、と言われている。かつて外交官は国王の代理者とみなされ、「国王は悪をなしえず」の諺が、外交官にも妥当するとみなされた。しかし、外交官はもはや国王の代理者とみなされるべき者ではなく、他方、現に交通犯罪を初めとして、窃盗、薬物犯罪、傷害などの罪を少なからず犯している。

　外交関係ウィーン条約において最も問題であるのは、外交官の家族の構成員であってその世帯に属する者にまで、外交官と同様な裁判権免除の特権を賦与している点である（37条）。この特権は、現にしばしば濫用されて

いる。
　このような理由で、外交官等に認められている裁判権の絶対的免除を段階的に制限すべきであるという国際世論が、近時、高まっている。

第2章 属人主義

1 意　義

属人主義（principle of personality, principe de la personnalité, Personalitätsprinzip）は、能動的属人主義と受動的属人主義との二つに分けて、しばしば論ぜられている。

能動的属人主義は、犯罪地のいかんを問わず、自国民（または自国内の外国人居住者）が罪を犯したときに内国刑法の適用を認めるものである。この原則は、固有の属人主義に属するものであって、普通、「属人主義」といわれるものは、この原則を指している。

これに対し、**受動的属人主義**は、国外で自国民が被害者とされた一定の犯罪につき、自国民を保護するために内国刑法の適用を認めるものである。この原則は、**国民保護主義**とも呼ばれていることから理解されるように、むしろ保護主義のカテゴリーに属する。この原則が行為者の国籍または居住地いかんを問わないのは、このゆえである。

このように、能動的属人主義と受動的属人主義がそれぞれ基礎とする理念には、差異がある。前者は自国民が外国で犯した罪についても内国刑法の適用を認める結果、自国民不引渡しの原則を歴史的に採用してきた。他方、後者は、保護主義のカテゴリーに属することから、その適用対象とされる犯罪の範囲を、前者の適用対象とされるものより、かなり狭く限定している。

2 沿　革

属人主義の起源は明らかでない。太古の部族（phratrie, tribu, Stamm）

の法は、その部族の構成員にのみ適用された。彼らの属する集団の内部では、処罰権をもつ家長や部族が、個人的復讐の実行を排除し、瀆神の罪や殺人、姦通、強姦の罪などの犯人を処罰した。この法の建前は、部族主義（Stammesprinzip）と呼ばれている。これが属人主義の起源であるとすれば、「初めに属人主義があった」と言うことができるであろう。

かつて、遊牧の民の時代には、部族の法は、その部族の構成員にのみ適用された。なぜなら、家畜の群れとともに草原から草原へと、2,000ないし3,000キロメートルにわたる大移動——それは、地球的規模の移動ともいわれる——をしていた部族にとっては、部族の法秩序を侵害する構成員に対しては、部族の法を適用することが、可能かつ必要であったからである。そして、他の部族から自己の部族の法益に対する侵害（たとえば、構成員の殺害、家畜の奪取など）が行われときは、おそらく、不正の侵害者に対する防衛または復讐が行われたであろう。

5世紀ごろのギリシャの都市国家間で締結された庇護条約には、属人的裁判権に関する規定がときどき存在していた、と言われる。それによれば、裁判は犯人の属する都市で行われるべきであった。このように、ギリシャ法は、外国との関係ではコスモポリティズムを示した。

これとは対照的に、ローマ帝国の法は、国家が早くから犯罪の処罰に介入したので、ナショナリズムによって特色づけられた。だが、476年、ついに西ローマ帝国は滅亡し、そのあとにはゲルマン民族の国家が樹立された。そのゲルマン民族の法は、属人主義を基本とするものであった。ここから、属人主義はゲルマン法に由来する、と言われるようになった。そのゲルマンの法原則の発達にもかかわらず、属人的な法は、特に刑法において大きな弱点をもっていた。それは、証拠を収集すること、および裁判官が不慣れな外国の証拠にもとづいて裁判することにつき、大きな困難があったからである。ただ、ここで注意すべきは、刑法における属人的性格は、今日われわれが能動的属人主義の意味で理解しているものとは同じでなかったことである。

第 2 章 属人主義　43

　能動的属人主義は、刑法適用法の中では歴史的に最も古いと言われていることからも理解されるように、歴史の産物である。人類の永い歩みの中で、能動的属人主義のもつ意義は、変容をとげた。

　今日、比較法的に見れば、英米法系の国は属地主義を大原則とするため属人主義をごく例外的にしか認めていない。これに対し、能動的属人主義は、大多数の国において採用されている。これらの国にあっては、属地主義が基本的原則とされており、属人主義は、属地主義を補充するものとして国外犯について採用されている。

3　属人主義の根拠づけ

　なぜ、自国民（および自国内に居住する外国人）の国外犯についても内国刑法が適用されるのか。これが、（能動的）属人主義の根拠づけの問題である。この問題の解決は、決して容易ではない。

　従来なされた属人主義の根拠づけのうち、代表的なものとして、次の二つを挙げることができる。

A　国家に対する国民の忠誠関係

　従来、国外犯と属人主義とを結ぶ「意味のある結節点」は、自国民であった。属人主義が国籍主義（principe de la nationalité）とも言われるのは、このゆえである。能動的属人主義の近代的理由づけをここに見出す者は、「国家は、その国民を国外においても本国法に従わせる権能を有するはずだ」と論ずる。この考えは、「法は、骨にくっついている」（Jus ossibus in haeret.）というゲルマン法の思想を受け継ぐものであろう。これを近代的な表現で示せば、国家に対する国民の忠誠関係に根拠がある、ということになろう。

　しかし、このような考えは、コスモポリタン的色彩を強めつつある現代の国際社会では、合理性と妥当性を持ちえないであろう。たとえば、外国に永年居住する日本人の子どもの中には、日本を見たこともない者、日本

語を話せない者、日本に関心を持たない者などがいる。こうした子どもたちは、外国に長期居住する日本人家族が増加するにつれて増える傾向にある。他方、政治的・経済的統合が進むヨーロッパでは、「自分は、（フランスとかドイツとかの）特定国の国民ではなくて、"ヨーロッパ人"だ」という意識がしだいに高まっている。このような意識の高まりは、EC 本部に勤務する職員やその家族、特にヨーロッパ学校（European schools）に在学している生徒、さらにヨーロッパ学校の卒業生の間で顕著であるようである。この傾向は、国際結婚が進めば、一層促進されるであろう。

近時、「**自国民**」（national, Staatsangehöriger）という中に自国内に常居所を有する外国人を含める立法例が出現している[1]。そして、これらの国は、犯罪人引渡条約における自国民不引渡しに係る規定につき、「自国民」という言葉には自国民のみならず、自国に常居所を有する外国人を含む旨の宣言をしている[2]。

このように、「自国民」という概念を拡大して、その中に自国内に住居を有する外国人を含める立場は、**住居主義**（Domizilprinzip）と呼ばれる。住居主義は、能動的属人主義を変形したものにほかならない。ここでは、内国刑法の適用を基礎づける結節点は、国籍ではなくて、内国における住居である。住居主義の立場では、能動的属人主義の根拠づけを国家に対する国民の忠誠関係に見出すことは困難であるように思われる。

B 犯罪防止に関する国家の連帯性

能動的属人主義のもう一つの理由づけは、犯罪防止に関する国家の連帯性にこれを見出すものである。すなわち、犯罪地国、被害者の本国等が属地主義、受動的属人主義などにもとづいて犯人を訴追しないとすれば、犯

---

1) デンマーク刑法7条、ノルウェー刑法12条3号、スウェーデン刑法2章2条、ルーマニア刑法4条など。
2) たとえば、ヨーロッパ犯罪人引渡条約6条についての、デンマーク、ノルウェー、スウェーデンなどの宣言。森下・潮流231頁以下を見よ。

人は不処罰のままとされることがあるので、内国は自国民を訴追する、というのである。これによれば、能動的属人主義にもとづいて行われる裁判は、いわゆる代理処罰の性格をもつことになる。例を挙げよう。

〔第13例〕　日本人Aは、某国の美術館から絵画を盗み出して売りさばき、逮捕されることなく帰国した。日本の当局は、Aを某国に引き渡す代わりに、属人主義の規定（刑法3条13号）を適用してAを訴追した。

この事例にあっては、日本の裁判所における裁判は、日本が某国に代わって犯人Aを訴追・処罰する意味をもつことになる。

この第2の理由づけは、第1のそれよりも説得的であるように見えるが、次の二つの問題を内包している。まず、(1) 能動的属人主義は「引き渡すか罰するかせよ」（*aut dedere aut punire*）というグロチウス（Hugo Grotius, 1583-1645）の命題を忠実に実現するために設けられたものではないし、自国民不引渡しの見返りとして存在するものでもない。次に、(2)相互主義との関係が生じることがある。

〔第14例〕　某国（犯罪人引渡しにつき、条約前置主義を採る国。この事例では、米国以外の某国とする）の国民Bは、日本の美術館から絵画を盗み出して売りさばき、逮捕されることなく帰国した。

この事例において、その某国が属人主義を採用していないとすると、Bは処罰されないことになる可能性がある。なぜなら、某国は条約前置主義を採っているにもかかわらず、日本と某国との間には犯罪人引渡条約は締結されていないので、引渡しは行われず、しかも、某国は、属人主義を採用していないからである。

仮に、第13例の某国と第14例の某国とが同じであるとすると、Aは日本で処罰されるのに、Bは不処罰のままに終わるのは相互主義の理念に反するのではないか、という問題が生じる[3]。

今日、コモン・ロー（common law）（英米法）の国では原則的に属人主義

---

3)　しかし、近時、相互主義の意義はゆるやかに解される傾向にある。109頁を見よ。

が採用されていないが、シヴィル・ロー（civil law）（大陸法）の国では属人主義が採用されている。そのために、上記のような不都合が生じるわけである。これを解決するためには、両法系の国における法制度の融合性が図られる必要がある。英国は1870年の犯罪人引渡法以来、条約前置主義を採っていたが、1988年の刑事司法（Criminal Justice Act 1988）によってこの主義を廃止した。それは、両法系の国の制度の融合を図る方向へ進む一つの証左として注目される。

4 自国民の範囲

自国民（内国人）の範囲は、それぞれの国の法律によって定まる。わが国について言えば、「日本国民」たる要件は、国籍法の定めるところによる（1条）。それによれば、日本の国籍を取得するには、(a) 出生による国籍の取得（2条）、(b) 準正による国籍の取得（3条）、および(c) 帰化による国籍の取得（4条）の、三つの場合がある。

二重国籍の場合には、同一人の1個の犯罪につき、二つの国の刑法がそれぞれ属人主義によって適用されることがある。

問題となるのは、犯罪の時には外国人であって、訴追の時には内国人となったいわゆる**新国籍者**は属人主義の対象とされるか、である。立法例には、明文をもってこれを肯定するものがある[4]。大多数の国では、このような明文規定は存在しない。したがって、犯罪当時も内国人たることを要するという立場からは、新国籍者は、属人主義の対象とはされないことになる。

逆に、犯罪の時には内国人であって訴追の時には外国人となった者（いわゆる**旧国籍者**）は、属人主義による内国法の適用を受ける。犯罪の時を基準にして刑法の適用が論ぜられるからである。立法例には、明文をもっ

---

4) たとえば、ドイツ刑法7条2項、フランス刑訴689条3項、ギリシャ刑法6条2項など。

てこれを肯定するものがある[5]。

5　特殊な属人主義

わが刑法4条は、国外で虚偽公文書作成、職権濫用、収賄などの罪を犯した日本国の公務員に刑法を適用する旨、規定している。この場合、「日本国の公務員」は、日本国民であるとは限らない。そこで、刑法4条の法的性質、言いかえると、刑法適用法におけるどの原則を規定したものか、について学説が分かれている。

有力な説は、刑法4条が日本国の公務の適正・廉潔性を保護する趣旨に出たものであることに着目して、同条をもって一種の保護主義に立脚する規定と解する[6]。

この見解は、属人主義の適用される行為者は内国人（自国民）に限るという立場に立って、日本国民でない「日本国の公務員」に対する処罰は属人主義にもとづくものではない、と考えているようである。しかし、属人主義における「意味のある結節点」は、必ずしも自国民に限定されるわけではない。属人主義の適用を受ける者の範囲は、「なんらかの方法で自国に関係をもつ人」にまで拡大されているのである。

日本国民でない日本国の公務員も「なんらかの方法で自国に関係をもつ人」に該当することは、確かである。この見地からすれば、刑法4条は**広い意味における属人主義**のカテゴリーに属する規定である、と解することができる。ドイツの学者によれば、自国の公務員の国外における行為にまで自国の刑法を適用する現象は、保護主義には属しない。刑法4条は、あえて言えば、行為者の身分によって限定された**特殊な属人主義**を規定したものと解される[7]。

---

5) たとえば、ギリシャ刑法6条2項、ポーランド刑法4条2項など。
6) 福田平・（団藤編）注釈刑法1総則1（1964年、有斐閣）25頁：古田祐紀・（大塚ほか編）大コンメンタール刑法第1巻（1991年、青林書院）82頁。
7) Oehler, Internationales Strafrecht, 2. Aufl. 1983, Rdn. 126, S. 134.

6 対象とされる犯罪の範囲

わが刑法3条は、属人主義の対象とされる犯罪を制限的に列挙している。放火、殺人、傷害、窃盗、強盗、詐欺などの罪が、それである。このほか、特別法で「第〇条の罪は、刑法第3条の例に従う」と規定しているものがある[8]。これらの規定によれば、重大な罪および比較的重大な罪だけが属人主義の対象とされている。

立法例では、属人主義の対象とされる犯罪の範囲は、さまざまである。若干の国では無制限に[9]、また、若干の国ではほとんど無制限に[10]、属人主義の対象とされる犯罪の範囲が拡大されている。属人主義を無制限に(つまり、すべての犯罪について)貫徹している国にあっては、理念的には属人主義が基本原則とされている、と解することもできる。現に、西ドイツでは、1940年から1974年までは、能動的属人主義が基本原則とされていた。今日、属人主義を無制限に貫徹している国(たとえば、ドイツ刑法7条2項)にあっても、属人主義は、実務の運用上、属地主義を補充する役割を果たしているにとどまる。

このほか、立法例では、(a) 重罪および軽罪に限るもの(フランス刑訴689条など)、(b) 重い罪については無制限に、その他の罪については一定の要件の下で(イタリア刑法9条など)、または(c) 特定の罪に限り(日本刑法3条、4条)、属人主義の適用を認めるものがある。

7 双方可罰主義

属人主義の対象とされる犯罪は、犯罪地国法である外国法によっても可罰的であることを要するか。犯罪地国の法律と内国(裁判国)の法律との

---

8) 暴力行為等処罰法1条の2第3項、人質による強要行為等処罰法5条。
9) ドイツ刑法7条2項、オーストリア刑法65条1項、ブルガリア刑法66条1項など。
10) スウェーデン刑法1条1項、デンマーク刑法7条。

双方によって可罰的とされることを要するという原則は、**双方可罰性の原則ないし双方可罰主義**（principle of double criminality, principe de la double incrimination, Grundsatz der beiderseitigen Strafbarkeit）と呼ばれている。ここでは、双方可罰性（「**双罰性**」と略称される）の意味が問題になるが、要するに、同一の行為が双方の国の法律によって罰せられていれば足りる。それゆえ、その犯罪行為が同一の構成要件に該当することも、罪名が同一であることも必要でない。

　属人主義にもとづいて国外犯につき内国刑法が適用されるためには、双罰性の要件を充たすことが必要であろうか。立法例では、(a) 双罰性の要件を明文をもって要求するものと、(b)なんらの明文規定も設けていないものとがある。

　前者は、**制限的な能動的属人主義（制限的属人主義）** と呼ばれている。この立場は、スイス刑法6条1項、ドイツ刑法7条2項などの採るところである。この立場の根底には、外国で不可罰とされている行為を自国民（内国人）が行った場合、内国刑法を適用して罰する必要性はないし、犯罪地国から犯罪人引渡しを請求されることもない、という考えがあるように思われる。

　後者、すなわち、日本刑法3条のように、明文規定を設けていない立法例にあっては、見解が二つに分かれている。第1は、外国法を考慮することなく内国刑法の適用があるという説である。この立場は、**絶対的な能動的属人主義（絶対的属人主義）** と呼ばれている。かつて、ドイツはナチス時代（1940年5月6日法律により導入された刑法3条1項）、この立場を採った。その根底には「ドイツ国民の行為に対しては、国内犯であると国外犯であるとを問わず、ドイツ刑法を適用する」という考えがあった。そこでは、属人主義が純粋の形で貫かれていたのである。しかし、そのドイツも、1975年以降、制限的属人主義の立場に転じた。

　第2は、明文規定がなくても解釈上、双罰性の要件を具備することが要求される、という説である。最近では、この見解が有力であるように見え

る。

8 軽い法の原則

今日、諸国の刑罰法規は、その構成要件および法定刑においてさまざまに規定されている。そのため、同一の犯罪であっても、外国の法定刑と内国の法定刑とが異なることがしばしば起こっている。たとえば、現住建造物放火罪の法定刑は、日本刑法では死刑または無期もしくは5年以上の懲役であるが（108条）、オーストリア刑法では1年以上10年以下の自由刑である（169条）。

それでは、〔**第15例**〕日本人 A がオーストリアで放火の罪を犯した場合において、Aを日本で訴追したとき、Aはどの範囲の刑で処断されるのか。この場合、二つの考え方が可能である。

第1の考え方は、Aは日本で日本刑法を適用して裁判されるのであるから、日本刑法の定める法定刑の範囲内で罪責を問われる、というものである。

これに対し、第2の考え方は、犯罪地国の法定刑が軽いのだから、軽い方の刑で罰すればよい、というものである。この考え方は、国際刑法における「**軽い法の原則**」（Grundsatz der *lex mitior* ; *mitior lex* rule）の適用を認めるものである[11]。

「軽い法の原則」は、内国の裁判所が裁判をするにあたって、行為地である外国の刑罰法規が内国のそれに比べて軽いときには、その軽い外国法を適用する、という原則である。ここでは、**内国裁判所による外国刑法の適用**という問題が生じる。軽い外国刑法が適用される主な理由としては、(a)犯罪地国では軽い刑罰に処せられているのであるから、その軽い刑の範囲内で行為者に対する責任非難を問うのが相当であること、(b)犯罪地国への

---

11) ここで「軽い」というのは、正確には「より軽い」という比較級の意味で用いられている。それゆえ、「軽い法」は、ラテン語の lex mitior のとおり、「より軽い法」を意味する。

犯罪人引渡しが行われたとすれば、犯人は犯罪地国で軽い刑罰法規の適用を受けることになることが挙げられる。

第3章　保護主義

1　意　義

保護主義（protective principle, compétence réelle, Schutzprinzip, Realprinzip）といわれるものには、次の2種類がある。
   a　国家保護主義（principe protecteur étatique, Staatsschutzprinzip）
   b　国民保護主義（système de la protection des nationaux, Individualschutzprinzip）

国家保護主義は、自国の国家的法益に対する侵害行為に対し、その犯罪地および犯人の国籍のいかんを問わず、内国刑法の適用を認めるものである。普通、「保護主義」というときは、国家保護主義を指している。それは、古典的な刑法適用法の諸原則を維持している国では、国家保護主義のみが「保護主義」として採用されていることとも関係があるであろう。

国民保護主義は、外国の文献では、普通、**受動的属人主義**と呼ばれている。この原則は、国外にいる自国民の保護のために、自国民が被害者となった一定の国外犯につき内国刑法の適用を認めるものである。それゆえ、受動的属人主義と呼ばれるものは、理念的には属人主義ではなくて、保護主義のカテゴリーに属する。

2　沿　革

保護主義は、8世紀から14世紀にかけてロンバルディア（北イタリア）の諸都市の関係において見出されると言われる。そこでは、都市またはその市民に対する敵対行為をした外国人に対する内国の裁判権を承認した多くの規定が存在した。それらの法規の根拠づけとして最も自然に、かつ永

第3章 保護主義　53

らく採用された理念は、侵害される国家は自然法上の正当防衛権を行使する、というものであった。

　しかし、この正当防衛思想は、近代になると緩められ、独特の発展をした。正当防衛ということを強調すると、まさに国家の存立の危急の場合にしか防衛権を行使しえないからであろう。正当防衛の考えが緩められるにつれて、保護主義の対象をなす犯罪の範囲は、政治犯罪からすべての普通法犯罪にまで拡大された。この動向は、功利主義の発達——それには、19世紀後半におけるイタリア実証学派の発達が結びついている——と刑法における国家主義（étatisme en droit pénal）の発達と合致している。功利主義理念の優位は、政治犯罪と普通犯罪との古典的区別を取り除いた。

　これに対し、ドイツでは、ヘーゲル哲学は国家を神聖化し、歴史学派は古い自然法理論を克服した。刑事裁判権は国家の利益の保護を指向すべきであるという考えは、19世紀の中葉以降、ドイツの学説において重要な役割を果たした。

　1808年のフランス治罪法（Code d'instruction criminelle）は、国家の安全に対する罪、国璽・通貨の偽造の罪を保護主義の対象とする規定（5条、6条）を設けた。1958年の現行刑事訴訟法（Code de procédure pénale）694条は、これらの罪のほか、外交官もしくは領事に対する重罪またはこれらの者が職務を行う場所に対する重罪をも保護主義の対象としている。旧法よりも拡大された犯罪の範囲は、1975年法律624号により追加されたものである[1]。

　国家保護主義は、今日、その対象とされる犯罪の範囲に違いはあるにせよ、すべての国によって採用されている。

---

[1] これは、オランダのハーグ（ヘイグ）にあるフランス大使館で日本連合赤軍による人質事件があったことを契機として追加された規定である。

3 対象とされる犯罪の範囲

〔1〕 保護主義の適用範囲の拡大傾向

保護主義の対象とされる犯罪の範囲は、立法例ではさまざまである。

古典的保護主義（compétence réelle classique）は、国家的法益に対する罪、すなわち、内乱に関する罪、外患に関する罪、通貨偽造に関する罪などを、その対象とした。これらの罪は、立法例で共通的に国家保護主義の対象とされている。

ところが、保護主義の対象犯罪の範囲は、しだいに拡大される傾向にある。たとえば、企業秘密の侵害（ドイツ刑法5条7号）、製造上・営業上の秘密の探知・漏示（スイス刑法4条）、主権標識に対する暴行的攻撃（同上）、自国の官憲に対する公務執行妨害（オーストリア刑法64条1項）、恐喝的誘拐（同上）などにまで拡大されている。イタリア刑法は、イタリア国またはイタリア国民の法益を侵害して、イタリアの法律により無期または1年以上の懲役にあたる罪を犯した外国人を、イタリアの法律に従って罰することとしている（10条1項）。

このように拡大された適用範囲をもつ保護主義は、**近代的保護主義**とでも呼ぶことができるであろう。このような拡大傾向に対しては、「今日、保護主義は、不明瞭な政治的犯罪構成要件がすべて国外犯にまで拡大されることによって、しばしば非民主的に濫用されている」という批判がなされている。

〔2〕 日本刑法第2条

わが刑法2条は、古典的保護主義の例にならって、保護主義の対象犯罪の範囲をかなり限定している。内乱、外患、通貨偽造行使、詔書偽造、有価証券偽造、御璽公印公記号偽造等の罪が、それである。

刑法2条は保護主義を採用した規定である、と一般に解されている。しかし、2条各号の中でも、通貨偽造罪（4号）および有価証券偽造罪（6

号）については、すでに世界主義の思想の片鱗がうかがわれる。というのは、1929 年 4 月 29 日の通貨偽造処罰国際条約が、通貨偽造・偽造通貨行使等の罪を世界主義の対象としており、わが国の「外国ニ於テ流通スル貨幣紙幣銀行券証券偽造変造及模造ニ関スル法律」（明治 38 法 66 号）に掲げる罪は、刑法 2 条の例に従う、とされているからである。

このほか、「第〇条の罪は、刑法第 2 条の例に従う」と定めた法律が存在する。たとえば、航空危険行為等処罰法 7 条、航空機強取等処罰法 5 条、人質強要行為等処罰法 5 条、規制薬物特例法 13 条などが、それである。これらの規定が適用される罪は、国際条約に定める裁判権設定義務にもとづいて、行為者の国籍いかんを問わず、国外犯につき内国刑法の適用があるとされているので、世界主義の対象とされている罪と解される。この見地からすれば、刑法 2 条は、保護主義のみならず、世界主義をも規定したものと解される。

〔3〕 改正刑法草案第 6 条

改正刑法草案 6 条（外国人の国外犯）は、対象とされる犯罪（対象犯罪）の範囲を思い切って拡大している。しかし、子細に見ると、同条は国家保護主義の意味における固有の保護主義と並んで、**個人保護主義**とも呼ばれる受動的属人主義を採用した[2]規定であることが理解される。したがって、国家保護主義に係る部分では、立法例に照らせば、むしろ対象犯罪の範囲は狭いということができる。

4 国家保護主義の法的性質

国家保護主義は、内国裁判権の行使については、属地主義と同じく第一次的性質（primary nature）のものであって、属人主義や世界主義のように補充的性質（residuary nature）のものではない。ここで「第一次的性

---

2) 法制審議会・改正刑法草案理由書（1974 年）101 頁以下を見よ。

質」とは、内国の法秩序または法益を侵害する罪につき内国刑法が優先的に適用されるという性質を意味する。

　保護主義が第一次的性質のものであることから、次の三つの帰結が導かれる。

　(1)　双罰性の要件を備えることは必要でない。ドイツ刑法5条、オーストリア刑法64条などは、行為地の刑罰法規に関係なく内国刑法が適用される旨を、明文をもって規定している。このような明文規定をもたない国（日本、スイスなど）にあっても、保護主義の趣旨からして同じ帰結に導かれる。

　たとえば、〔第16例〕A（国籍いかんを問わない）が、日本でスイスの製造上または営業上の秘密を探知したとする。この場合、日本には製造上または営業上の秘密を探知する行為（いわゆる産業スパイの行為）を罰する法規は存在しないが、スイスでAを処罰する場合には、スイス刑法が適用される（スイス刑法273条、4条1項）。

　(2)　軽い法の原則は適用されない。保護主義は、内国の法益を保護するために犯罪地および行為者の国籍いかんを問わず内国刑法を適用するものである。このゆえに、仮に双罰性の要件を具備する場合にあっても犯罪地国の刑罰法規の方が軽いかどうかを考慮するには及ばない。

　(3)　外国における確定判決の存在および刑罰権の消滅は、保護主義にもとづく内国刑法の適用に影響を及ぼさない。

　まず、裁判国である外国における確定裁判（有罪であると無罪であるとを問わない）は、裁判国で一事不再埋（ne bis in idem）の効力を生じる。この一事不再理の原則が国際的に適用されるかは、一つの問題である。立法例および学説は分かれているが、保護主義の場合には一事不再理の原則の国際的適用を認めない立場が有力であるように見える。

　次に、犯罪地国法による時効の完成および犯罪地国における恩赦も、内国刑法の適用に影響を及ぼさない。

5　国民保護主義の法的性質

　国民保護主義は、外国の文献では、普通、**受動的属人主義**と呼ばれている。この原則にあっては、国外犯と内国刑法の適用とを結ぶもの（結節点）は、被害者の国籍または住居（つまり、被害者が内国の国民であること、または内国に居住すること）である。このゆえに、受動的属人主義は、属地主義に対して補充的性質をもつ。言いかえると、犯罪地国で属地主義にもとづいて犯人に対する裁判が行われない場合に、内国裁判権を行使することにより、被害者である自国民（または自国内に居住する外国人）を保護しようとするものである。

　このことから、受動的属人主義にもとづく内国刑法の適用にあたっては、能動的属人主義にもとづく場合と同様に、次のような適用要件が導き出される。

　(1)　双罰性の要件を備えることが必要である。ただし、どの国の領域にも属しない地（たとえば、南極）で罪が犯された場合には、この要件を備えることは、当然、必要とはされない[3]。

　(2)　軽い法の原則が適用される。

　(3)　犯罪地国法により時効の完成、その他の理由により行為の可罰性が消滅したときは、内国裁判権を行使することができない。

　立法例の中には、これらの帰結を明文をもって規定するものがある（スイス刑法5条、ドイツ刑法7条、オーストリア刑法65条）。

---

[3]　ドイツ刑法7条1項、オーストリア刑法65条3項は、行為地がいかなる刑罰権にも服しないときにも、自国民に対して犯された罪につき内国刑法が適用される旨を規定している。

第4章 世界主義

1 意 義

世界主義(universality principle, compétence universelle, Universalitätsprinzip) とは、犯罪地、犯人または被害者の国籍のいかんを問わず、世界的法益を侵害する行為に内国刑法の適用を認める原則をいう。

この原則は、いわゆる世界法犯罪（*delicta juris gentium*）を克服するために各国は努力することを世界的な課題としてもつ、という文化的使命から導き出される。犯罪克服の領域における国際的連帯性が、世界法犯罪を処罰するすべての国の権利と義務を基礎づけるのである。世界主義が**世界法主義**または世界刑法主義とも呼ばれるのは、この故である。

なお、世界主義を意味するフランス語"compétence universelle"は、わが国の国際法学者によって「普遍的管轄権」と一般に訳されている。しかし、この訳語は、適当とは思えない。上記のフランス語は、もともと"principe de la compétence universelle"（世界的裁判権主義）の略称と解される。すなわち、世界的法益を侵害する行為につき、犯罪地、犯人または被害者の国籍のいかんを問わず、内国が裁判権を有する原則を意味する。これに対し、「管轄」という言葉は、裁判権を法律に従って分配したものであるので、「普遍的管轄権」という表現は、誤解を生じさせる。

2 沿 革

世界主義の起源は、早くも6世紀に作られたユスティニアヌス法典の中に見出されると言われる。そこでは、刑事事件の管轄権は、犯罪地の裁判所と逮捕地の裁判所に認められた。注釈学派は、住居地の裁判所をもって

逮捕地の裁判所に代えることができる、と解釈した。

中世のイタリアでは、学説によってもまた、ロンバルディアの諸都市の関係を規律した法によっても、殺人犯人など、若干の種類の凶悪犯人については、その者が不処罰のまま自己の都市にいるときは、彼に対する裁判をするため裁判所に召喚することができた。

17世紀の初葉、グロチウスは、世界主義に哲学的価値を付与した。彼は、人類の普遍的社会（societas generis humani）の存在を認める立場から自然法に違反する犯罪は全人類に対する侵害であるとし、その犯罪を制圧すべき普遍的義務を履行するため、有名な「引き渡すか罰するかせよ」という命題を唱えた。こうした見解に鼓舞されてか、17世紀以降、オランダ人やドイツ人が、逮捕地の裁判所に管轄権を認める説を展開した。オランダの学説は、イギリスで受け入れられ、さらに北米にも伝えられた。こうしてこの見解は、多くの論者の支持を得て、その結果、特別重大な犯罪については、世界主義の適用が広く認められるに至った。

19世紀から20世紀にかけて、国際交流が盛んとなり、世界的法益についての自覚が世界的に高まるにつれて、国際学会や国際会議の決議や勧告、さらに多国間条約の規定において世界主義を推奨しまたは採り入れるものが、相次いで登場した。

この動向は、第2次大戦後、いっそう顕著なものとなった。その理由としては、一方では、重大な国際犯罪を制圧するための国際的連帯性の理念が、国際的に自覚されるようになったこと、他方では、国際連合などの国際機関が国際犯罪を制圧するための国際条約の締結に大きな役割を果たしたこと、を挙げることができる。

3 対象とされる犯罪の範囲

世界主義の対象犯罪の範囲は、世界的に刑法的保護を受けるべきいわゆる世界法益（Weltrechtsgüter）を、各国がどこまで拡大して把握するかにかかっている。その範囲は、国際犯罪が増加するにつれ、また、犯罪防止

のために諸国家の連帯性を強化すべき必要性が認識されるにつれて、拡大の一途をたどっている。特に第2次大戦後、この傾向は顕著なものとなっている。

以下、対象犯罪の拡大の歩みを概観しよう。

〔1〕 国際学会や国際会議の決議等

1883年、国際法学会（Institut de droit international）は、ミュンヘンで開かれた会議で重大な犯罪について世界主義を採るべき旨の決議をした。

1927年11月5日の「刑法の統一に関する国際会議」(ワルシャワ)は、海賊行為、通貨偽造、奴隷売買、婦女子の売買、公共の危険を生じさせる手段の使用、麻薬取引、国際条約が可能性を確定しているその他の行為等について世界主義を採るべき旨の勧告をした。

1933年4月にイタリアのパレルモで開かれた第3回国際刑法会議も、すべての国の共通の利益を侵害するすべての犯罪、たとえば、海賊行為、奴隷・婦女等の売買、麻薬取引、海底電線の損壊、通信手段の重大な損壊、緊急信号の損壊、通貨・有価証券等の偽変造、公共の危険を生じさせる損壊的行為などを世界主義の対象とすべき旨の決議をした。そして、同会議は、既存の条約の検討および新しい条約の締結を要望した。

こうした動きは、第2次大戦後、いっそう顕著なものとなった。

〔2〕 条約に現れた対象犯罪

1889年のモンテビデオ国際刑法条約13条は、海賊行為につき世界主義を採用し、1928年のブスタマンテ法典[1]（Código Bustamante）307条は、婦女売買のように国際条約により処罰義務を負う罪につき、また、308条は公海、自由な空および、まだどの国にも領有されていない領域において犯

---

1) 1928年2月20日にキューバの首都ハバナで締結された国際私法条約に付属する国際私法法典である（北中南米21カ国によって署名され、1928年11月25日に発効した）。

した海賊、黒人売買、奴隷売買、婦女売買、海底ケーブルの破壊・損傷その他国際法に反する同性質の罪について世界主義を採用した。同様に、1940年3月19日のモンテビデオ国際刑法条約14条は、海賊行為、麻薬取引、婦女などの売買、奴隷行為、海底電信線の破壊・損傷を世界主義の対象とした。

このような動向を推し進めて、今日、多くの国際条約が、特定の犯罪について世界主義による処罰の義務を締約国に課している。たとえば、次のものがある。

 1844年3月14日　　海底電信線保護万国聯合条約
 1929年4月20日　　偽造通貨の処罰に関する国際条約
 1948年12月9日　　集団殺害犯罪の防止及び処罰条約
 　　　　　　　　　（国連のジェノサイド条約）
 1970年12月16日　 航空機の不法な奪取の防止に関する条約
 　　　　　　　　　（ハーグ条約）
 1979年12月17日　 人質をとる行為に関する国際条約
 1984年12月10日　 国連の、拷問禁止条約
 1988年12月20日　 麻薬及び向精神薬の不正取引防止条約
 　　　　　　　　　（ウイーン条約、国連の麻薬新条約）
 1990年11月8日　　マネー・ロンダリング条約（ヨーロッパ評議会）
 1998年7月17日　　国際刑事裁判所規程（ローマ規程）
 2000年12月15日　 国連の、国越組織犯罪防止条約

〔3〕　対象犯罪の分類

条約にもとづいて世界主義の対象とされる犯罪は、しだいに増える傾向にある。それらは、次のように分類することができるであろう。

A　テロ行為

歴史的には海賊行為（piracy, piraterie）が、真っ先に典型的テロ行為と

して挙げられた。その後、テロ行為（terrorism）の範囲は、拡大の一途をたどっている。

「テロ行為」の概念は不明確であるので、1977年1月27日の「テロ行為防止に関するヨーロッパ条約」[2]（1978年8月4日発効）は、次のように、犯罪人引渡しの対象となるテロ行為を列挙することにより、概念の明確化を期した（1条）。

a．航空機不法奪取防止に関するハーグ条約の適用範囲に含まれる犯罪
b．民間航空の安全に対する不法行為の防止に関するモントリオール条約の適用範囲に含まれる犯罪
c．外交官を含めて国際的保護を受ける者の生命・身体・自由に対する攻撃を含む重大な犯罪[3]
d．誘拐、人質または重大な不法監禁を含む犯罪
e．人に危険を生じさせる爆弾、手投げ弾、ロケット、自動火器、手紙爆弾または小包爆弾の使用を含む犯罪
f．上記犯罪の未遂または上記犯罪の既遂もしくは未遂への共犯としての関与

B　人道に対する罪

婦女売買、奴隷売買、子どもの売買、奴隷化行為（人を奴隷として酷使すること）、麻薬などの不正取引などの罪。そのほか、人に対する拷問、人質にとる行為などは、テロ行為にも人道に対する罪にも該当するであろう。

そもそも、「人道に対する罪」という概念は、国際慣習法により認められていたのであるが、それが国際法規に登場したのは、1945年の「重大な戦争犯罪人の訴追及び処罰に関するロンドン協定」に基づいて制定された

2）　森下「テロ行為防止に関するヨーロッパ条約」同・潮流163頁以下。
3）　1973年12月14日のニューヨーク条約（いわゆる国家代表等保護条約）の適用対象とされる犯罪の範囲の方が、このC号に規定する重大な犯罪の範囲よりも広い。

ニュールンベルク国際軍事裁判所（IMT）規程においてである。IMT 規程6条は、平和に対する罪及び戦争犯罪と並んで人道に対する罪を管轄犯罪として掲げた。

そこでは、人道に対する罪は、「戦前又は戦争中、民間人に対して犯された謀殺、絶滅、奴隷にすること、流配その他あらゆる非人道的行為又は政治的、人種的もしくは宗教的理由に基づく迫害」をいうと定義された。このことは、極東軍事裁判所（IMTEE）規程5条にあっても、ほぼ同様である。

これら両規程において注目すべきは、集団殺害（genocide）が人道に対する罪の中に含められていることである。純理論としては、これが、一貫した立場ということができる。

ところが、1948年の国連のジェノサイド条約では、「集団殺害とは、国民的、人種的、民族的又は宗教的集団を全部又は一部破壊する意図をもって行われた」集団構成員を殺すことなどを意味する、と定義された（2条）。これにより、いわゆる政治的集団殺害は、ジェノサイド概念から排除された。

この流れを受けて、1998年の国際刑事裁判所（ICC）規程では、ジェノサイドの罪が対象犯罪の筆頭に掲げられた。その結果、「人道に対する罪」は、ジェノサイドを除いて、一般住民に向けられた広範な攻撃または系統的な攻撃の一環として犯された一連の非人道的行為をいうものとされた。そこでは、拷問、強姦等の性的暴力、迫害、拉致、アパルトヘイトなどまで含まれていることが、注目される。

C　経済秩序を侵害する罪

通貨、有価証券等の偽造、偽造通貨等の行使等の罪が、代表的なものである。

最近、悪質な国際的経済犯罪、たとえば、**マネー・ロンダリング**（money laundering）が、世界主義の対象とされている[4]。マネー・ロンダリングは、

直訳すれば、「カネの洗濯」を意味する。言いかえると、麻薬の不正取引、誘拐、恐喝等の犯罪行為によって得た不法の収益を金融機関の口座に偽名・匿名で預金したり、金融機関を通じて他の口座へ振り込み、移転をしたりして、収益の出所や所有者・受益者を隠蔽したりして、合法的な収益であるかのように仮装する行為をいう。

D　環境犯罪

近年、「かけがえのない地球（only one earth）を守れ」という声が、世界的に高まり、環境保護のための各種の国際会議が開催され、さらに、環境の保護を目的とする、いくつもの国際条約が、相次いで締結されている。今や、環境の保護は特定国だけの課題ではなく、全地球的規模において世界各国が真剣に取り組むべき課題とされている。

この課題に応えるべく、1998年11月4日、ヨーロッパ評議会の主宰の下に「刑法による環境の保護に関する条約」[5]が締結された。

環境保護をめざす国際条約は、一定の環境破壊行為を犯罪として処罰することを締約国に義務づけている。それらの犯罪行為は、事柄の性質上、世界主義の対象とされている。今後、地球の環境破壊が進むにつれて、世界主義の対象とされる環境犯罪の範囲は拡大して行くことであろう。

E　文化財犯罪

近年、人類の遺産ともいうべき貴重な文化財が、盗掘、奪取、破壊、密売買の対象とされる傾向が見られる。そこで、これらの文化財の国際的保護を図るため、一定の文化財犯罪（offences relating to cultural property）を

---

[4]　1988年12月のいわゆる国連の麻薬新条約（ウィーン条約）、1990年11月8日のヨーロッパ評議会のいわゆるマネー・ローンダリング条約が、それである。後者につき、森下「マネー・ローンダリング条約」同・基本問題244頁以下を見よ。

[5]　森下「刑法による環境保護条約」判例時報1727号（2000年12月21日号）を見よ。

国際犯罪として世界主義の対象とすることを内容とする条約が締結されている[6]。

4 日本刑法第4条の2

〔1〕 本条の趣旨

本条は、昭和62 (1987) 年法律52号によって追加された規定である。

刑法の場所的適用範囲については、1条から4条までに規定しているところであるが、内国が条約に定める一定の犯罪につき、裁判権を設定すべき義務を負う場合がしだいに増える状況にかんがみ、本条により国外犯の包括処罰をなしうる規定を設けた。

条約により、内国が裁判権設定義務を負う場合に、条約所定の行為につき内国刑法の適用があるためには、(1)内国で処罰規定を設け、かつ、(2)その国外犯をも罰することができるように法律を整備する必要がある。

この見地から、従来、条約上の義務に対応して内国で特別法を制定することが行われた。たとえば、1970年の航空機不法奪取防止条約（ハーグ条約）に対応する航空機強取等処罰法（昭和45法68号）が、それである。

この方法は、条約により国外犯を処罰すべきこととされる場合を国外犯処罰規定中に個別具体的に列挙するものであって、列挙主義と呼ばれる。この方法によれば、条約を締結・批准するためには、条約に対応する国内法を制定する必要があり、そのため、わが国が将来、条約の当事国となる条約の締結・批准を早期になしえない可能性がある。

そこで、包括主義と呼ばれる立法方式を採用することが、検討の課題となる。包括主義とは、条約により国外犯を処罰すべきこととされている罪を犯した者に国外犯処罰規定を適用する旨の一般規定を設ける方式である。この方式は、すでに諸外国の立法例（特に大陸法系の国の立法）に多数見受

---

6) たとえば、1985年6月23日の「ヨーロッパ文化財犯罪条約」（いわゆるデルフィー条約）。森下「文化財犯罪」判例時報1290号（1988年）を見よ。

けられる。
　本条は、これらの立法例にならい、包括主義を採用した。

〔2〕　条文の意味
　第4条の2における「第二編の罪であって条約により日本国外において犯したときであっても罰すべきものとされているもの」とは、第2編の罪であって、条約により国外犯を処罰しうるよう裁判権設定義務を負わされたもの、という意味である。
　「前三条に規定するもののほか、この法律は、日本国外において……を犯したすべての者に適用する」という文言は、2条、3条および4条以外に、刑法は何人を問わず国外で上記の罪を犯した者に適用されることを意味する。
　たとえば、国家代表等保護条約との関連でいえば、わが国の外交官が外国で外国人によって殺害された場合、これにつき日本刑法の適用はないので、犯人が日本に逃亡して来てもこれを処罰することができず、そのような場合に日本が処罰するべき条約上の義務を履行できないことになる。こうした事態に対処するため、本条は包括主義を採ることにより、第2編の罪であって条約により裁判権設定義務を負うものにつき、刑法が適用される旨を定めた。「第二編の罪」であることが処罰対象の第1要件とされているので、新たな犯罪構成要件を定立するには及ばない。
　「この法律は、……すべての者に適用する」は、「第2条の例に従う」とは異なるので、刑法適用法におけるどの原則を採用したことになるのか、明らかでない。国民保護主義を採用したと見られる一面をもっているが、条約がそれを越えて広い範囲で裁判権設定義務を負わせている点から見れば、一種の世界主義的な考えにもとづくと解するのが、妥当であろう。その場合、伝統的な世界主義がいわゆる世界法犯罪を対象としているのに比べて、そこには世界主義の拡大傾向が看取される。

〔3〕 問 題 点

　本条については、特に実体法上の処罰範囲の明確性について問題のあることが指摘されている。なぜなら、条約上の犯罪については、実際にどのような犯罪が国外犯として処罰されるかは、個々の条約を見なければ分からないからである。

　次に、条約を見ても、条約上の犯罪の構成要件が必ずしも明確でない場合がある。一般に条約の犯罪構成要件は、ある広がりをもつ表現形式で規定されることが少なくない。その場合には、その構成要件に含まれると解される限りで、わが刑法の特別構成要件が適用されることになろう。

　とはいえ、条約上の犯罪構成要件と内国刑法の犯罪構成要件との関係につき、刑罰法規の明確性の見地から問題の生ずることは避けがたいように思われる。

第5章　代理処罰主義

1　3つの類型の代理処罰主義

代理処罰主義（Prinzip der stellvertretenden Strafrechtspflege）といわれる原則の正確な定義は、まだ存在しないように思われる。内容的に見れば、代理処罰主義といわれるものには、次の3種類がある。

(1)　**自国民の引渡しに代わる処罰の原則**

従来、一般に言われたのは、たとえば、自国民の引渡しを拒絶する代わりに、属人主義にもとづいて内国刑法を適用する場合である。この場合には、内国は、外国に代わって犯人を訴追し、処罰するのである。ただし、属人主義にもとづいて内国刑法の固有の適用はあるので、条約にもとづいて内国の裁判権が新たに創設されるわけではない。また、対象となる犯罪の範囲は、属人主義にあっては一般に重い犯罪、少なくとも中程度以上の犯罪に限定される傾向がある。

この意味における代理処罰主義は、つとに1892年のスイス犯罪人引渡法（SAG）2条2項で採用され、1937年のスイス刑法6条に引き継がれた[1]。

そこでは、この主義は、犯罪人引渡しに対する補充的役割を果たすものとされ、その根拠は、犯罪防止のための国家の連帯性に見出された。

代理処罰主義の起源は、つとに後期注釈学派の所説に見出されると言わ

---

1)　スイスでは、1981年3月20日、国際刑事司法共助法（IRSG, EIMP）が制定された。同法は、1892年の犯罪人引渡法に代わって1983年1月1日、施行された。新法（IRSG）7条1項は、文書による同意があるときに限り、自国民の引渡しを認める。同意がないため引渡しが行われないときは、スイス刑法が適用される（刑法6条1項）。

れる。今日では、自国民の引渡しに代わるものという意義をもつ代理処罰の原則は、多くの立法例で採用されている。

(2) いわゆる純代理処罰主義

これは、国外で罪を犯した外国人が不処罰のままに終わるのを避けるため、その犯人の現在する国が外国に代わって処罰する原則である。ここには、一種の世界主義的な思想が見受けられる。

(3) 代理主義

これは、本来は内国刑法の適用がない国外犯につき、外国との条約にもとづいて設定されたいわゆる**刑法の共通適用**、すなわち、共通の刑事裁判権によって内国刑法が適用される、という原則である（くわしくは、第6章を見よ）。

2 具体例の考察

以下、いわゆる**純代理処罰主義**について考察する。

〔第17例〕 日本人Aは、日本でイタリア国民でない某国民Bによって殺害された。Bは犯行後、イタリアに逃亡した。そこで、日本政府はイタリアに対してBの引渡しの請求をした。イタリア政府は日本政府に対し、「Bにつき死刑の言渡しをしない」という十分な保証をすることを求めた。

日本政府は、司法権の独立の見地からそのような保証をすることはできない旨の回答をした。そのため、イタリア政府は、Bに対する引渡しの請求を拒絶した。

イタリアが A の引渡しを拒絶したのは、1988年制定の刑事訴訟法698条2項が、次のとおり規定しているからである。

第698条（政治犯罪。基本的人権の保護）

引渡しの請求に係る犯罪行為につき外国法により死刑が科せられている場合には、その外国が死刑を科さず、又はすでに死刑が科せられているときはその刑を執行しないことにつき、司法大臣によって十分と認められる保証をしたときに限り、引渡しを許すことができる。

この規定は、憲法27条4項（死刑の廃止）、1957年のヨーロッパ犯罪人引渡条約11条（死刑）などの趣旨に従ったものである。

ところで、第17例にあっては、イタリア刑法は、属地主義、属人主義および保護主義のいずれによっても適用されない。そして、殺人罪それ自体は、世界主義の対象とされていない。それでは、この事例の犯人Bは、不処罰のままに置かれることになるのか。もしそうだとすると、死刑廃止国であるイタリアは、安全な楽園（safe heaven）、つまり、逃亡犯罪人の楽園（refugee heaven）となってしまう。そのような帰結を、世間の法感情は容認しない。とりわけ、被害者の遺族は深い悲しみに包まれ、国民の応報感情は満足しない。刑法の目ざす目的の一つである法秩序の維持と正義の理念は、国境を越えた彼方では何の意味ももたないのか。

こうした点を考慮したためか、1930年制定のイタリア刑法は、次の規定を設けている。

第10条（国外における外国人の普通犯罪）

② 外国又は外国人の法益を侵害して犯罪を犯し、次の各号に該当する場合には、犯人は司法大臣の請求を待ってイタリアの法律に従って罰する。

1 犯人がイタリア国内にいるとき。

2 無期又は3年以上の懲役にあたる犯罪に係るとき。

3 犯罪人引渡しが許諾されず、又は犯罪地もしくは犯人の本国によって請求されなかったとき。

これによれば、第17例の場合には、イタリア刑法が適用されることになる。では、属地主義および保護主義のいずれにも該当しないのに、イタリア刑法が適用されるのは、なぜか。イタリアでは、刑法10条2項は、一種の世界主義的性格をもつ規定と解されている[2]。実は、これこそ純代理処

---

2) わたくしがイタリア司法省を訪問した際、国際刑法課長は、これは"giudizio universale"（世界的な裁判、最後の審判）である、と語った。（森下「刑法の旅・ヨーロッパ（10）」判例時報1054号（1982年）15頁を見よ）。

罰主義の規定なのである。

3 若干の立法例

代理処罰主義を規定する立法例は、今のところさほど多くない。ここでは、そのうち、代表的なもの若干を掲げる。

〔1〕 ドイツ法

ドイツ刑法7条2項2号は、まさに代理処罰主義の規定である。第7条の規定は、次のとおりである。

第7条（その他の場合における国外犯に対する適用）
① 国外においてドイツ国民に対して犯された行為については、犯罪地においてその行為に刑が科せられているとき、又は犯罪地がいかなる刑罰権にも服していないときは、ドイツ刑法が適用される。
② 国外で犯されたその他の行為については、犯罪地においてその行為に刑が科せられている場合又は犯罪地がいかなる刑罰権にも服していない場合において、次の各号のいずれかに該当するときは、ドイツ刑法が適用される。
   1 行為者が、行為の時にドイツ国民であったとき、又は行為の後にドイツ国民となったとき。
   2 行為の時に外国人であった行為者が、内国に現在し、かつ、犯罪人引渡法によりその引渡しが行為の性質上許されるにもかかわらず、引渡しの請求がなされず、もしくは拒絶され、又は引渡しが実施可能でないために引き渡されないとき。

ここに掲げる2項2号は、刑法適用法の新しい原則である代理処罰主義を採用した規定である。これによれば、行為の時に外国人であった犯人がドイツ国内に現在し、かつ原則的には犯罪人引渡しが許される（すなわち、政治犯罪、軍事犯罪、軽微犯罪でもない）にもかかわらず、一定の事由により引き渡されないときに、ドイツ刑法が適用されることになる。

たとえば、〔第18例〕日本人甲が、日本国内で物欲から残酷な方法で日本人を殺した後、ドイツに逃亡した場合において、日本からドイツに対し犯罪人引渡しの請求がなされたが、ドイツ〔死刑廃止国〕が死刑問題を理由にして引渡しを拒絶したときが、それである。ちなみに、1982年のドイツ共助法（IRG）8条は、次のとおり規定している。

第8条（死刑）
　　　　その行為が請求国法により死刑にあたるときは、引渡しは、死刑が科せられず、又は執行されないことを請求国が保証するときに限り、許される。

刑法7条2項によれば、このように犯罪人引渡しの請求が拒絶された場合のほか、引渡しの請求がなされず、または引渡しが実施可能でない（たとえば、健康上の理由による）場合も、同様である。7条2項2号の要件をすべて具備するときは、国外犯はドイツ刑法に従って処罰される。この場合、犯罪地国の刑罰法規が適用されることはない。それゆえ、第18例の犯人甲は、謀殺の罪（独刑211条）で罰せられることになる。

問題は、「軽い法の原則」は適用されるか、である。現行法には、これに関するなんらの規定も存在しない。学説は、この原則の適用を肯定する見解と否定する見解とに分かれている。もし、肯定説を採るとすれば、ドイツ刑法の謀殺（Mord）の刑は無期自由刑のみとされている（刑211条）のであるが、日本刑法199条（殺人）の法定刑と比較して、軽い方の刑、すなわち、無期または3年以上15年以下の自由刑の範囲内で処断されることになる。

〔2〕　オーストリア法

1974年のオーストリア刑法の65条1項は、次のとおり、ドイツ刑法7条2項とほぼ同一内容の規定を設けている。

第65条（犯罪地法により刑を科せられているときに限り処罰される国外犯）
　　① 第63条及び第64条に規定する以外の国外犯については、その行

為が犯罪地法によっても刑を科せられている限り、次の各号のいずれかに該当する場合には、オーストリアの刑罰法規を適用する。

 1 行為者が行為の時にオーストリア国民であったとき、又は行為者が後にオーストリア国籍を取得して、刑事手続を開始する時にもその国籍をもっているとき。

 2 行為者が行為の時に外国人であって、その後、内国に入り、かつ、その行為の種類又は特性による以外の理由によって外国に引き渡されないとき。

② 刑の効果を全体的に考慮して、行為者が行為地の法規によるよりも不利益な立場に置かれないように、刑を定めるものとする。

ここで問題になるのは、1項2号の規定である。これは、本来なら外国に引き渡されるべき者が行為の種類または特性による以外の理由によって引き渡されない場合に関するものである。すなわち、純代理処罰主義を採用した規定である。これに該当する典型的事例は、犯罪地国が犯罪人引渡しの請求をしない場合である。

たとえば、〔第19例〕日本人乙が日本で日本人を殺し、オーストリアに逃亡したとする。この場合、日本刑法の適用はあるが（刑法1条）、日本政府は、オーストリアに対して犯人乙の引渡しの請求をしない。というのは、日本からオーストリア（死刑廃止国）に乙の引渡しの請求をしても、死刑問題を理由として請求を拒絶されることは明らかだからである。

ちなみに、1979年のオーストリア共助法（ARHG）20条は、次のとおり規定している。

第20条（許されない刑又は予防処分）[3]

 ① 請求国の法令により死刑にあたる可罰的行為を理由とする訴追のための犯罪人引渡しは、死刑が言い渡されないことが保証されると

---

[3] この法律において予防処分とは、裁判所の判決により刑罰と並んでまたは刑罰に代えて言い渡された、刑罰法規に規定されている自由剥奪を伴う処分をいう（ARHG 8条）。すなわち、自由剥奪を伴う保安処分をいう。

きに限り、許される。
② 死刑の執行のための犯罪人引渡しは許されない。
③ 第1項及び第2項の規定は、人権及び基本的自由の保護に関する条約第3条の要件に適合しない刑又は予防処分にも準用する。

この規定は、ドイツ共助法8条の趣旨をより明確にしたものである。

刑法65条1項2号にもとづく訴追にあっては、オーストリア法のみが適用される。それは、純代理処罰主義の当然の帰結である。ここで注目すべきは、刑法65条2項が「軽い法の原則」が適用される旨を明文で規定していることである。

〔3〕 その他の国の法制

純代理処罰主義を採用した立法例は、つとに1885年のアルゼンチン犯罪人引渡法5条に見られる。

20世紀に入ってからは、刑法典でこの原則を規定するものが、徐々に増えている。たとえば、1926年のトルコ刑法6条3項、1932年のポーランド刑法10条、1946年のユーゴスラヴィア刑法94条、1950年のチェコスロヴァキア刑法20条、1968年のルーマニア刑法6条などが、それである。

4 代理処罰主義の法的性質

〔1〕 純代理処罰主義の登場

代理処罰主義を明確な形で説いたのは、「引き渡すか罰するかせよ」という命題を唱えたグロチウスを代表とする自然法学者たちである。そこには、上記3つの類型の代理処罰主義のうち、第1と第2の両類型が念頭に置かれていたであろう。

19世紀以降、代理処罰主義の名の下に典型的に論ぜられてきたのは、自国民の不引渡しに代わるものとして内国刑法の適用を認める場合であった。そこでは、犯罪地国の裁判所に代わって内国の裁判所が裁判を行うという点に主眼が置かれて、「代理」ということが言われた。

第5章　代理処罰主義　75

ところで、犯罪人の不引渡しは、自国民の不引渡しの場合に限らない。内国にいる逃亡犯罪人が国外で罪を犯した外国人であるときは、属人主義にもとづいて内国刑法が適用されることはない（もっとも、保護主義にもとづいて内国刑法が適用されることはある）。

この場合に、逃亡犯罪人の引渡しの請求がなされず、またはその請求が拒絶されるときは、犯人は逃亡先の国で不処罰のままに置かれることになる。なぜなら、刑法適用法の伝統的な原則によれば、この場合には刑法適用法に不可避な隙間が生じるからである。純代理処罰主義の本質は、「国際刑法に不可避的なこのような隙間を埋めることによって、いかなる逃亡犯罪人も逃亡先の国で不処罰のままに置かれることをしない」という点に見出される。これが、いわゆる**純代理処罰主義の法的性質**である。

〔2〕　世界主義との違い

純代理処罰主義は、内国刑法の適用を創設する新しい原則であって、「代理処罰」の考えを最も端的に具現するものである。この原則は、基本的には世界主義の考えにつながっている。しかし、世界主義と純代理処罰主義との間には、理論的に見て差異がある。

世界主義は、すべての国がその保護について共通の利益を有する超国家的・文化的利益を侵害する行為（たとえば、人身売買、航空機強取）について内国刑法の適用を認める原則である。世界主義によれば、保護主義および属人主義の要件を具備しない場合でも、また、犯罪地における可罰性いかんを問うことなく、外国人（無国籍者を含む）および自国民の国外犯について内国刑法が適用される。それゆえ、世界主義は、犯罪人引渡しの可能性があることを前提としない。世界主義は、多くの場合、条約にもとづいて制定された内国法に根拠をもっている。

これに対し、純代理処罰主義にあっては、犯人の処罰は常に**引渡しが実施不能**であることを前提としている。その意味で、この主義は、つねに犯罪人引渡しを補充する役割を果たしている。そこには、「引き渡すか罰す

るかせよ」という命題を実現しようとする諸国家の連帯性の思想が根底にある。

世界主義は、今日、ほとんどすべての文明国によって採用されている。そして対象とされる犯罪の範囲は、国際的に保護される法益に対する罪に限定されている。しかるに、純代理処罰主義は、コモン・ローの国ではほとんど知られておらず、大陸法系の国にあっても一部の国において採用されているにすぎない。しかも、対象犯罪の範囲については、双方可罰性の要件を具備する限り、理論的にはなんらの限定も存在しない。

世界主義は、理念的にはすぐれているが、現実には国際犯罪の防止にさほど効果を挙げているようには見えない。それは、主として(1)世界的法益を侵害する罪のみが世界主義の対象とされていること、および(2)世界主義の基礎となる諸条約の当事国となっていない国が今なお多数存在すること、によるであろう。これに対し、代理処罰主義は、犯人が内国にいる場合に内国裁判所が内国刑法に従って犯人に対する裁判を行うことができるので、現実には世界主義よりも強力に国際犯罪の防止に役立つことができる。

5 残された問題

純代理処罰主義の最大の問題点は、この原則を採用していない国（日本もそれに含まれる）があまりにも多いことである。それゆえ、現実には刑法適用法における隙間が埋められないままに残されている場合が多い。

たとえば、〔第20例〕イラク人Aは、日本でイラク人Bを殺し、某国（犯罪人引渡しにつき条約前置主義を採る国）に逃亡した。

この事例にあっては、属地主義にもとづいて日本刑法の適用はあるわけであるが、日本は当該某国に対して犯罪人引渡しの請求をすることができない。日本は、米国および韓国以外の国とは犯罪人引渡条約を締結していないからである。しかも、今日、代理処罰主義を採用する国は、ごく限られているので、某国がその主義を採用していない蓋然性は高い。某国が代理処罰主義を採用していないとすれば、某国が犯人Aをイラクに引き渡す

場合を除いて、Aは不処罰のままに置かれることになる。

　このように不合理な帰結は、条約前置主義も代理処罰主義も採らない国（たとえば、フランス）との間でも、死刑問題を理由として引渡しの請求が拒絶される場合にも生じるであろう。今後、このような事態に直面する場合は、しだいに増加するであろう。この問題の解決策としては、すべての国が純代理処罰主義を採用することが望まれる。そこでは、犯罪防止のための国際的連帯性の強化が目ざされているのである。

第6章　代理主義

1　意　義

　代理主義（representation principle, principe de la compétence par représentation）とは、本来は内国刑法の適用のない国外犯につき、外国との条約にもとづいて設定されたいわゆる**刑法の共通適用**（compétence commune）、すなわち、共通の刑事裁判権にもとづいて内国刑法が適用される、という原則である。

　この原則のねらいとするところは、ある国（犯罪地国）が外国にいる犯罪人の引渡しを法律上または事実上請求することはできないが、犯人を処罰したいという場合に、その犯人について属地主義、属人主義、保護主義および世界主義のいずれによっても内国刑法の適用がない外国（犯人の現在する国）に対し、自国に代わって処罰をしてもらうことである。ここで対象とされる犯罪は、通例、あまり重要でない犯罪および中程度の重要性をもつ犯罪、たとえば、道路交通法違反の罪などである。

2　沿　革

　第2次大戦後、ヨーロッパで「代理主義」と呼ばれる新しい原則が誕生した。この主義は、しばしば広義の代理処罰主義に含まれるものとして扱われているが、代理主義と代埋処罰主義とは区別して論ぜられるべきものである。

　代理主義を明確な形で初めて採用したのは、1964年11月30日のヨーロッパ交通犯罪条約である。この条約は、道路交通犯罪につき、第2章で「居住地国における訴追」という新しい画期的な制度を創設した。第3条は、

次のとおり規定する。

　　第3条　居住地国の当局は、犯罪地国の請求に基づき、犯罪地国の領域内で犯された道路交通犯罪を訴追する権限を有する。

　これは、**刑事訴追の移管**（transfer of proceedings in criminal matters, transfer of criminal proceedings）と呼ばれる新しい制度である。例を挙げて説明しよう。

　〔第21例〕　イタリア人Aは、フランスで交通事故により、人に重大な傷害を負わせた後、訴追される前にイタリアに帰った。この場合、イタリア刑法によれば、重大な過失傷害（9条、590条2項前段）については属人主義は適用されない。また、ヨーロッパ引渡条約1条によれば、重大な過失傷害罪（6月以下の懲役または罰金）は、引渡犯罪にあたらない。その結果、Aは、フランスに引き渡されることなく、不処罰のままにされる。

　今日、ヨーロッパでは、外国人の運転する車による交通事故は多数にのぼっている。それを不処罰のままにすることは、すべての関係国にとって耐えがたい不合理をもたらす。この不合理を避けるために、犯罪地国（たとえば、フランス）からの請求にもとづき、犯人の現在する国（たとえば、イタリア）で訴追・処罰をしてもらう制度が考え出された。それが、刑事訴追の移管という新しい制度である。

　それでは、第21例の場合、イタリアは、内国刑法の適用がない、つまり、固有の刑事裁判権をもたないのに、なぜ、犯人Aを罰することができるのか。ヨーロッパ交通犯罪条約によれば、**締約国の間に共通の裁判権が設定される**（すなわち、刑法の共通適用がある）という考えにもとづき、居住地国に裁判権が与えられるのである。したがって、この制度は、犯罪人引渡制度に代わるものではなく、犯罪地国の訴追の権限を犯人の居住地国に移管するものである。

　ヨーロッパ交通犯罪条約は、訴追の移管を道路交通犯罪に限った。その後、1972年のヨーロッパ訴追移管条約は、すべての犯罪、すなわち、刑罰法規によって刑の科せられているすべての行為にまで訴追移管の対象を拡

大した。

3 代理主義の必要性

代理主義が必要とされる理由として、次の三つを挙げることができる。

A 引渡犯罪にあたらない国外犯の場合

内国の居住者（自国民とは限らない）が国外で犯した罪が引渡犯罪（犯罪人引渡しをすることのできる犯罪）に該当しない場合でも、その犯罪の行為者を内国で訴追することが相当と認められるときがある。第21例の事案は、その一例である。

道路交通法違反の罪、たとえば、スピード違反、駐車違反、飲酒運転等は、ほとんどの場合、引渡犯罪にあたらない。そのため、外国でこれら道交法違反の罪を犯して検挙されたとしても、居住地国に帰国してしまえば、犯罪人引渡しは行われず、結局、行為者は不処罰のままに終わってしまう。そうなると、結果的には内国の居住者は、外国では事実上、治外法権的地位に置かれることになり、平気で道交法違反の罪を犯すことになる。国境を接する国の間における自動車交通の量が著しく増え、交通事故も増加している現実に照らすならば、地域的な多国間条約を締結して、締約国の間で相互に違反者を処罰すること、言いかえると、行為者に罰金、反則金、時には自由刑を科することが必要である。この場合には、犯罪地国から行為者の居住地国に訴追の移管が行われ、行為者はその居住地国で刑に処せられることになる。

B 引渡犯罪にあたる国外犯の場合

内国人が外国で犯した犯罪が引渡犯罪にあたる場合でも、犯罪地国からの請求にもとづいて内国の裁判所でその犯人の訴追を行うことが望ましいときがある。例を挙げよう。

〔第22例〕 日本人Aは、米国で交通事故により人を傷害した後、訴追さ

れる前に日本に帰った。

　この場合、Aの起こした交通事故は、日米犯罪人引渡条約2条1項により引渡犯罪に該当する（日本刑法211条参照）。しかも、同条約5条によれば、締約国は、その裁量により自国民を引き渡すことができる。しかし、(a)犯罪人引渡しをするには面倒な手続をする必要があるのみならず、他方、(b)逃亡犯罪人Aを母国で訴追すれば、防御権を十分に行使させることができ、かつ、その者の社会復帰に役立つ。こうした点を考慮するならば、両国間の協定にもとづき、米国の訴追権限を日本に移管することが望まれる訳である。日本の現行法（刑法3条）によれば、刑法211条の罪（業務上過失致死傷）は属人主義の対象犯罪とはされていないが、日本は、訴追の移管によって訴追の権限を有することになる。

C　犯罪地国で訴追される場合の不都合

　犯罪地国で検挙・訴追される場合にも、次のような不都合が生じる。たとえば、(a)車両を運転して外国を旅行する者がその国で交通事故を起こして自由刑に処せられるとすると、「強制的」滞在を余儀なくされ、その結果、旅行日程のみならず、生活基盤にまで支障が生じることになる。仮に罰金が言い渡されるとしても、支払うべき罰金（しばしば多額である）を持ち合わせていることは、まれである。(b)外国で裁判を受けるとなると、言葉の問題、外国官憲との摩擦など、幾多の困難のゆえに防御権の行使につき不利益な立場に置かれる。

　以上の点は、道路交通犯罪の場合に限らず、他の犯罪についても当てはまる。ただし、重大な犯罪については、犯罪地国は、多くの場合、法秩序維持の必要性、証拠収集の容易性などを理由にして自国の裁判権を行使することを望む。それゆえ、代理主義は、通常、あまり重要でない犯罪および中程度の重要性をもつ犯罪に限定して適用されることになる。

4 代理主義の法的性質

〔1〕 法共同体の形成

　代理主義を特色づけるのは、犯人の現在する国の訴追権限が犯罪地国との間における**刑法の共通適用**（共通の裁判権）にもとづく場合である。つまり、犯人の現在する国の側に属地主義、属人主義および保護主義のいずれによっても**内国刑法の適用**（内国の裁判権）がないにもかかわらず、条約によって締約国間に設定された共通裁判権にもとづいて訴追が行われる場合である。このように、刑法適用法の新しい原則である代理主義は、締約国の間に一つの法共同体（une communauté de droit）の形成を認める[1]。

〔2〕 代理処罰主義との違い

　代理主義と（純）代理処罰主義とは、本質的な点において異なっている。
　代理主義は、**内国刑法の固有適用**のある国（たとえば、属地主義にもとづいて裁判権を有する国）からの請求にもとづくときに限ってではあるが、被請求国（犯人の現在する国）にオリジナルな訴追権限を生じさせる。つまり、被請求国は、締約国との間に創設された共通裁判権にもとづいて訴追の権限を行使することができる。したがって、代理主義にとって本質的なことは、犯罪人引渡しに代わるものではないことである。
　これに対し、代理処罰主義にあっては、犯人の処罰はつねに引渡しの実施不能性に依存している。しかも、代理処罰主義にあっては、犯罪地国からの請求にもとづくことなく、内国は国外犯につき固有の裁判権を有するのである。ただし、実際に、内国が代理処罰主義にもとづいて内国の裁判権を行使するのは、重大な犯罪ないし比較的重大な犯罪の場合であろう。

---

[1] ヨーロッパでは、代理主義にもとづく訴追移管の制度を導入したことにより、「ヨーロッパ法共同体」の観念が形成されつつある。

〔3〕 世界主義との違い

　代理主義は、犯罪防止についての諸国家の連帯性に基礎を置いている。その点で、代理主義は、世界主義に似た一面をもっている。しかし、両者の間には明白な違いがある。

　まず、代理主義は、刑法の固有適用がある国から他国に対して訴追の請求があることを必要条件とする。

　これに対し、世界主義は、このような訴追の請求とは独立に内国刑法の適用を認める。つまり、外国からの請求がなくても犯人が現在する国は、自国の固有の裁判権を行使することができる。次に、世界主義の対象とされる犯罪は、人類共通の法益に対する侵害と見られるような重大な犯罪である。

第7章　外国刑事判決の効力

1　外国刑事判決の意義

　ここで「刑事判決」(criminal judgment, penal sentence ; jugement répressif, Strafurteil) とは、刑事裁判所によってなされたすべての確定判決をいう。それゆえ、「外国刑事判決」とは、外国の刑事裁判所によってなされたすべての確定判決をいう。
　この意味における「刑事判決」に該当するためには、次の三つの要件を具備することを要する。
　(1)　刑事裁判所によって言い渡されたものであることを要する。軍事裁判所または民事裁判所によって言い渡された判決は除かれる。少年の刑事事件を扱うために特に設けられた裁判所が言い渡した判決は、「刑事判決」に含まれる。
　(2)　判決は、刑事訴追の結果なされたものであることを要する。これによれば、刑罰または保安処分を被告人に言い渡すことを目ざす刑事訴追の結果言い渡された有罪または無罪の判決が、これに該当する。なお、ここにいう「判決」は、必ずしも狭義の判決に限らないので、むしろ「裁判」(刑訴43条、471条等参照) という方が適切であるように見える。しかし、たとえば、日本刑法5条については、わが国では一般に「外国判決の効力」に関する規定であると言われている。また、改正刑法草案8条の見出しは、「外国判決の効力」となっている。そこで、本書でもこの表現にならって刑事「判決」という表現を用いることにする。
　(3)　判決は、確定したものでなければならない。判決は、それが既判力を生じたときに確定したものとなる。すなわち、通常の上訴方法によって

は争うことができなくなったとき、または当事者が上訴することなく上訴期間が経過したときに、判決は確定する。

判決が確定したかどうかは、もっぱら裁判国の法令を基準として定まる。他国はこれに異議を唱えることができないという意味で、「**既判力の不可触性の原則**」ということが言われている。

2 刑事判決の国際的効力

刑事判決の国際的効力の問題は、国際刑法における最も議論多きものの一つとされてきた。

この問題につき、国際刑法に関する輝かしい業績を残したフランスの碩学ドンヌディュー・ド・ヴァーブル（Donnedieu de Vabres）は、1928年、民事判決と刑事判決との同視は維持されなければならない、との見解を公にした。これに対しては、民事判決と刑事判決との間には本質的な差異があるとする反対論が、つとに提出されている。反対論の根拠は、要するに、民事判決は当事者間の紛争解決を図るものであるのに対し、刑事判決は国家の刑罰権の行使にもとづくものだ、という点にある。この反対論には、一応、十分な理由がある。刑罰権の行使については、刑法の国家性の原則が国際的に基本原理とされていたからである。

しかし、こうした見解は、第2次大戦後、理論と実際の両面で大きな修正を迫られることになった。その理由は、二つある。

(1) 理論面では、(a) 犯罪防止における国家間の連帯性の要求が強まるにつれて刑法の国家性の原則が緩められてきたこと、および(b) 犯罪者の処遇の観念が高まるにつれて、犯罪者の国籍国または居住地国において刑事制裁（刑罰、保安処分および保護処分）の執行をすることが望ましい、という考えが生まれたことが挙げられる。

(2) 実際面では、人の国際交流が進むにつれて、(a) 国際的規模で行われる犯罪が増加したこと、(b) 犯人と証拠が犯罪地国以外でしばしば見出されること、(c) 犯罪地国で外国居住者に対する刑事制裁を執行することはしば

しば困難を伴うこと、などが挙げられる。

こうした事情を基礎にして、外国刑事判決と内国刑事判決とを同視する立場、すなわち、外国で言い渡された刑事判決に内国刑事判決と同様な効力を認める立場が生まれた。1970年5月28日の「刑事判決の国際的効力に関するヨーロッパ条約」[1] は、基本的に上記の立場を取っている。

3 外国刑事判決の消極的効力

〔1〕 立法例の立場

刑事判決の国際的効力は、消極的効力と積極的効力とに分けられる。

外国刑事判決の消極的効力というのは、国際的な《ne bis in idem》(以下、「一事不再理」という)のことである。つまり、外国で確定した刑事判決がなされたときは、内国では同一の事件について裁判することができない、ということである。どの国も内国の確定判決につき一事不再理の効力を認めている。今や、これを拡大して**一事不再理の国際的効力**を認めるかどうかが、問題になる。

この点に関する立法例の立場は、次のように分かれている。

A 明文をもって消極的効力を否定するもの

イタリア刑法第11条が、代表的である。

第11条(新規の裁判)
　① 第6条〔国内犯〕に掲げる場合には、イタリア国民又は外国人は、すでに外国で裁判を受けたときでも、イタリア国においてこれを裁判する。
　② 第7条〔国外犯〕、第8条〔国外の政治犯〕、第9条〔国外でのイタリア国民の普通犯罪〕に掲げる場合には、イタリア国民又は外国

---

1) 森下「刑事判決の国際的効力に関するヨーロッパ条約」同・新動向193頁以下。

人は、すでに外国で裁判を受けたときでも、司法大臣の請求があったときは、更にイタリアにおいて裁判する。

B 完全に消極的効力を認めるもの

英国の判例および米国カリフォルニア州最高裁の判決は、「二重の危険」(double jeopardy) の禁止は国際的にも妥当するとの立場を取っている。フランス刑訴692条は、明文をもって国際的な一事不再理を規定している。

C 消極的効力を否定し、算入主義を採るもの

このカテゴリーに属する立法例は、多数存在する。ここにいわゆる**算入主義**は、外国で執行された刑の全部または一部を内国で言い渡す刑に算入する（ないし刑の執行を免除する）という方式を意味する。この立場は、算入を認める限りで国際主義的見地を取り入れたものである。

算入の範囲については、次の3つの立場がある。

　a　厳格な算入主義（外国で執行された刑の部分を内国で言い渡す刑に算入する主義）

　b　ゆるやかな算入主義（算入の範囲を裁判官の裁量に委ねる主義）

　c　実質的な算入主義（外国で刑の執行を受けたとき、内国で刑の量定に際して考慮する主義）

以上のうち、aとbは、規定の表現に差異はあっても、実質的にはほぼ同じ内容のものといえよう。日本刑法5条は、bのカテゴリーに属する。立法例中には、aとbとを併せて採用するものがある。

D 特定の場合に限って消極的効力を肯定するもの

これは、外国における無罪判決、刑の全部執行、刑の時効の完成、恩赦などの特定の事由に該当する場合に、内国における訴追を禁止する立場である。スイス刑法3条2項・5条2項・6条2項、オーストリア刑法65条4項などが、このカテゴリーに属する。

〔2〕　国際的な動向

　第2次大戦までは、外国刑事判決の消極的効力を全面的ないし原則的に否定する立法例が、大多数を占めていた。これは、主権観念にもとづく「刑法の国家性の原則」が依然として支配的であったからであろう。

　しかし、こうした立法の態度は、国際間の交流が緊密になるにつれて、しばしば遺憾な結果を招いた。第2次大戦後、諸国が刑事判決の国際的効力を認める方向に歩み始めたのは、当然であった。

　かつて、1929年10月、ルーマニアのブカレストで開かれた第2回国際刑法会議は、「内国裁判所による外国刑法の適用」を議題とした。そこでは内国裁判所は、どの範囲で、また、どのような保証の下で、内国の法秩序の保護の下に外国刑法を適用することができるかが、問題とされた。

　30年余りの歳月を経て、1961年9月、ポルトガルの首都リスボンで開催された第8回国際刑法会議は、再び同じ議題を新しい光に照らして討議した。第2次大戦という人類の悲劇を経て、世界の諸国は「刑法の国家性の原則」を緩めることによって刑罰権の行使についても国際協力を図る方向に進み出した。この世界的動向に沿ってなされた第8回国際刑法会議の決議は、国際刑法の発展における決定的な転回をしるすものであった。

　ついで、1964年にオランダのハーグで開かれた第9回国際刑法会議は、「刑事判決の国際的効力」を議題の一つとし、これにつき、刑事判決の国際的効力を非常に広い範囲において認める決議をした[2]。

　1970年のヨーロッパ刑事判決条約の第3章第1節《ne bis in idem》は、こうした国際思潮の発展の結実ともいうべきものである。

　同条約53条は、次のとおり規定する。

第53条《ne bis in idem》

　　①　ヨーロッパ刑事判決の対象となった者は、次の場合には、同一の

---

[2]　森下「第九回国際刑法会議報告」ジュリスト313号（1965年）、同「国際刑事法における「ne bis in idem の原則」同・基本問題82頁以下。

行為について、他の締約国において訴追され、制裁を言い渡され、又は制裁の執行を受けることはない。
  a　無罪の言渡しを受けたとき。
  b　科せられた制裁が、
    i　執行を終わったとき、又は執行中であるとき。
    ii　その全部又は未執行の部分について恩赦の対象となったとき。又は
    iii　時効が完成したため、もはや執行されえないとき。
  c　裁判所が行為者の有罪を認定したが、制裁を言い渡さなかったとき。
② 前項の規定にかかわらず、締約国は自ら訴追を請求したのでなければ、判決の原因となった行為が自国において公的性格をもつ人、制度もしくは財産に対して犯されたとき、又は判決の対象となった人自身が自国において公的性格をもつときには、一事不再理の効力を認めることを義務づけられない。
③ 更に、自国において行為が犯された締約国又は自国の法令によれば自国において行為が犯されたとみなされる締約国は、自ら訴追を請求したのでなければ、一事不再理の効力を認めることを義務づけられない。

　この規定において注意すべきことが、二つある。その一つは、《ne bis in idem》が一事不再理のみならず、**刑事制裁の不再執行**を意味することである。もともと《ne bis in idem》は「同一の事件について2度あることなかれ」という意味であるから、《ne bis in idem》の原則の国際的適用にあっては、不再理と不再執行とが、これに含まれるのである。

　二つ目は、第53条第2項および第3項が、第1項の例外を規定していることである。言いかえると《ne bis in idem》の原則の国際的適用は、絶対的なものではなくて、例外がある、ということである。第2項は、保護主義の対象とされる犯罪については自国で訴追する、という考えにもとづ

くものののように思われる。これに対し、第3項は、属地主義の対象とされる犯罪の場合を例外として掲げている。同項によれば、締約国は、他の締約国に対して、その事件につき訴追の請求をしたのでない限り、一事不再理の効力を認められることを義務づけられない。それゆえ、この場合には、国際的な二重訴追はありうることになる[3]。

〔3〕 日本刑法第5条
A 第5条本文の立場

わが刑法は、外国刑事判決の消極的効力を認めない立場を取っている。そのため、外国において確定判決を受けた者であって、同一の行為につき、さらに処罰することを妨げない（5条本文）。

〔第23例〕 日本人甲は、乙を誘って一緒にフィリピンに旅行に出かけ、ドライブをした。甲は自分が車を運転し、乙を助手席に乗せていたが、車を電柱にぶつけてしまった。そのため、甲は比較的軽い傷を負ったが、乙は即死した。甲は、過失致死の罪で起訴され、1年6月の自由刑に処せられ、1年間刑に服した後、仮釈放されて帰国した。

ところが、日本の警察は、甲が乙に多額の海外傷害保険を掛け、自己を受取人にしていたことなどに注目して、保険金殺人の疑いで捜査を開始した。フィリピン当局による交通事故の実況見分調書などを国際捜査共助によって入手し、国内で収集した証拠と併せて再検討した結果、日本警察は、逮捕状にもとづき、甲を殺人容疑で逮捕した。甲は、保険金を得るための計画的殺人であったことを自供した。甲は、属人主義（刑法3条6号）にもとづき、殺人罪で起訴された。

上記の第23例は、設例にすぎない。しかし、外国の裁判所でごく軽い刑に処せられ、または無罪とされた日本人が日本の裁判所で、保険金殺人の

---

3) おそらく、国際的な二重訴追がなされた場合において、某国において先に判決が確定したときには、第1項の適用により、他国では同一の事件について制裁を言い渡さず、または制裁の執行をしないであろう。

かどで有罪判決を受けた事例が、現実に発生している。

　このような事実にかんがみるとき、一事不再理の原則の国際的適用を認めない立場にも納得できる理由があるように思われる。これについては、スイスがヨーロッパ引渡条約9条（一事不再理）につき、「請求国が新たに知り得た事実又は証拠方法により、第9条に基づく引渡しの拒絶の根拠となる裁判の再審を相当とすることを証明したとき」という条件の下で、引渡しを許諾する権利を留保していることが、注目に値する。

B 「二重の危険」の禁止との関係

　憲法39条は、「何人も……すでに無罪とされた行為については、刑事上の責任を問われない。又、同一の犯罪について重ねて刑事上の責任を問われない」と規定して、「二重の危険」を禁止している。そこで、刑法5条の規定が憲法39条に違反するのではないかが、問題となる。

　これにつき最高裁は、憲法39条はわが国の裁判所における裁判について「二重の危険」を禁止したものであるとの理由で、刑法5条の規定の合憲性を認めている（最大判昭28・7・22刑集7・7・1621）。

C 刑法第5条ただし書の法意

　刑法5条ただし書は、外国で言い渡された刑の全部または一部の執行を受けたときは、刑の執行を必要的に減軽[4]または免除することを定めている。もっとも、刑の執行を全部免除するか、減軽（一部免除）するか、また、どの程度に減軽するかについては、外国において執行された刑の種類および分量と刑の執行の減軽・免除の種類および分量とが必ずしも同一であることを要しない。

　それゆえ、第23例について見れば、仮に甲が殺人罪のかどで懲役15年

---

[4] ここにいう刑の執行の減軽は、刑の執行の一部免除を意味する。改正刑法草案8条参照。

に処せられた場合、フィリピンで刑に服した1年間が当然に15年から控除される訳ではない。日本の裁判所は、外国において刑の執行を受けた期間を超える期間につき刑の執行の免除を言い渡すこともできる。

仮に、第23例の場合、甲がフィリピンで罰金を言い渡され、罰金刑の執行を受けたが、日本の裁判所で殺人罪のかどで懲役15年に処せられたときは、どうなるか。その場合も、甲につきフィリピンで執行された罰金刑の額を考慮して懲役刑につきその一部の執行を免除することは可能である。

4 外国刑事判決の積極的効力

〔1〕 2つの執行方式

外国刑事判決の積極的効力には、次の2つの形態がある。

a 緩和された執行方式

これは、内国の裁判所が外国の刑事判決に示されたところを基礎にして内国の法令による刑事制裁を言い渡す方式である。この方式は、**考慮主義**（règle de la prise en considération）と呼ばれている。

b 完全な執行方式

これは、外国の刑事判決を内国で完全に執行する方式である。この方式は、**執行主義**（principe de l'exécution）と呼ばれている。

これら2つの方式の間には、かなりの開きがあるように見える。しかし、考慮方式にあっても完全執行方式に近いものから典型的な単純考慮方式まで、かなりの幅がある。

いずれにせよ、外国判決を内国判決と同視する立場（いわゆる**同視原則**）にあっては、外国判決の確定性はもっぱら裁判国の法律、すなわち、法廷地法（*lex fori*）によって定まり、内国がこれに干渉することは許されない。これは、すでに述べたように、「既判力の不可触性の原則」と呼ばれている。

〔2〕 考 慮 主 義

考慮主義を採用した立法例は、かなり多い。1867年のベルギー刑法54

条から57条までを初めとして、19世紀の終わりにスイスの各州法が途を開いたのに続いて、20世紀になると、多くの立法例や条約で考慮主義が採用された。そのうち、典型的なものは、次に掲げるイタリア刑法12条である。

第12条（外国刑事判決の認知）

① 犯罪に対して言い渡された外国の刑事判決は、次の事由のためにこれを認知することができる。

1　累犯と認定し、もしくはその他刑の言渡しの刑事上の効力を付与するため、又は罪の常習性、職業性もしくは罪の性癖を宣告するため。

2　刑の言渡しが、イタリアの法律に従って附加刑を伴うとき。

3　刑の言渡し又は無罪の言渡しを受け、かつ、イタリア国内にいる者が対人保安処分に服すべきとき。

4　外国の判決が盗品返還もしくは損害賠償の効力その他の民事の効力を利用することを要するとき。

これによれば、たとえば、フランスで有罪判決を受けた者が、その後、5年以内に別の罪を犯し、その罪につきイタリアで裁判を受けるとき、イタリアの裁判所は累犯と認定して累犯加重をすることができる（刑法99条）。同様に、スイス刑法67条2項も、「外国における処罰は、その処罰がスイス法により犯罪人引渡しが許諾されることのある可罰的行為によって行われたときは、累犯の根拠となる。」と規定している。

ところで、イタリア刑法12条に見られるように、1964年ごろまでには、認知（riconoscimento, reconnaissance）という言葉が、一般に用いられていたようである。その後、ヨーロッパ刑事判決条約の草案の審議が進むにつれて、「認知」よりも「考慮」（taking into consideration, prise en considération）という言葉の方が妥当である、とする見解が有力になった。結局、同条約第3章第2節の見出しは、「考慮」となった。

外国判決の「考慮」によってもたらされる法的効果には、契機的効果と補充的効果とがある。

契機的効果とは、内国の裁判所が新たな犯罪に対する刑事制裁を言い渡すにあたり、その前に確定した外国の刑事判決に付与する法的効果である。累犯の認定が代表的なものであるが、その他執行猶予の言渡しまたは取消し、刑の量定、常習性の認定、保安処分の言渡しなどがある。

これに対し、**補充的効果**とは、内国における新たな犯罪に対する裁判を契機とすることなく、外国の原判決から由来する間接的効果である。失権、職業禁止および資格制限が、その代表的なものである。これよれば、たとえば、日本人の公務員Aが外国で交通事故を起こし、執行猶予付きの自由刑に処せられた場合、Aは、資格制限により公務員の資格を失うことになる（国公38条2号、地公16号2号参照）。

このような法的効果を認めることについては、主権の独立性の原則に固執する立場から反対が表明されている。今日、いわゆる**不考慮主義**を採用する立法例は、決して少なくない。わが刑法も、この立場を採っている。しかし、考慮主義は、立法例や条約においてしだいに採用されている。

わが国でも、考慮主義を採用することによって外国判決にある種の法的効果を付与することは有意義であろう。たとえば、外国の窃盗団員が来日して財産犯罪を犯した場合、外国判決に内国判決と同じ前科性を付与して累犯と認定したり、重い刑の量定をしたりすることは、犯罪の国際的制圧に役立つであろう。

とはいえ、考慮主義を実施するためには、内国裁判所は、被告人がいつ、どの国で、どのような有罪判決を受けたかを国際司法共助によって明らかにする必要があり、この点が実務上、大きな課題となるであろう。

〔3〕 執 行 主 義

外国の刑事判決を内国で執行することを認める方式が、執行主義である。立法例には、これを明文をもって否定するものと肯定するものとがある。スイス刑法3条2項および5条2項は、犯人が外国において刑に服さず、または刑の一部に服したにすぎないときは、その刑の全部または残余を執

行する、と規定している。

　ヨーロッパ刑事判決条約は、執行主義を採用している（37条以下）。

　外国判決を内国で執行するには、内国の裁判所で外国判決を確証し、いわば内国における執行力を付与する決定を必要とする。この手続は、執行力を創設するというより、むしろ**外国判決にもとづく執行力を承継する意味をもつ**というべきであろう。

　執行主義にあっては、外国判決を内国判決と同視する立場（同視原則）が典型的な形で前提されている。そのことから、双方可罰主義、すなわち、同一の行為が外国でも内国でも罰せられていることを要するという原則が要求される。

　近時、執行主義を採用することの必要性は、特に受刑者の移送の制度（161頁以下を見よ）を導入することが国際的課題とされるに及んで、国際的に強く認識されている。

第2編 国際刑事司法共助

序　説　国際刑事司法共助の意義
第1章　犯罪人引渡し
　　第1節　犯罪人引渡しの歴史
　　第2節　犯罪人引渡しの法的構成
　　第3節　犯罪人引渡しの基本原則
　　第4節　犯罪人引渡しの手続
　　第5節　保安処分の執行のための犯罪人引渡し
第2章　狭義の国際刑事司法共助
　　第1節　司法共助の意義、内容および要件
　　第2節　国際刑事司法共助に関する大陸法と英米法との差異
　　第3節　国際刑事司法共助の基本原則
　　第4節　安全行動と刑事免責
第3章　外国刑事判決の執行
　　第1節　意義と沿革
　　第2節　受刑者の移送
　　第3節　執行主義の基礎理論
　　第4節　外国刑事判決の執行の要件
　　第5節　手続上の問題点
　　第6節　わが国が直面する課題
第4章　刑事訴追の移管
　　第1節　制度の意義と存在理由
　　第2節　制度の沿革
　　第3節　被請求国の訴追権限
　　第4節　訴追の移管の基本的性格

序　説　国際刑事司法共助の意義

1　意　義

国際刑事司法共助（international legal assistance in criminal matters, entraide judiciaire internationale en matière pénale, internationale Rechtshilfe in Strafsachen）という言葉は、広狭さまざまに用いられている。

それを整理して見ると、⑴ 狭義のもの、⑵ 広義のもの、⑶ 最広義のもの、の三つに大別されるであろう。これは、概念について一応の分類を試みたものであって、歴史的に見てこの順序で発達してきたことを意味するものではない。ただ、後述するように、最広義の概念は、第2次大戦後になって登場してきたものである。

最広義の国際刑事司法共助は、次の四つの形態に分類される。
① 犯罪人引渡し
② 狭義の刑事司法共助
③ 外国刑事判決の執行
④ 刑事訴追の移管

このうち、①犯罪人引渡しと②狭義の刑事司法共助を合わせたものが、**広義の国際刑事司法共助**にあたる。歴史的には、犯罪人引渡しが古くから行われており、19世紀に入って犯罪人引渡しに伴って狭義の司法共助が徐徐に発達してきた。その意味で両者は、**古典的形態の国際刑事司法共助**と呼ばれる。

これに対し、③外国刑事判決の執行と④刑事訴追の移管は、第2次大戦後にクローズ・アップしてきた。そこで、両者は、**新しい形態の国際刑事司法共助**と呼ばれている。

上記4つの形態を含めたものは、最広義の国際刑事司法共助ということができる。そうなると、単に「国際刑事司法共助」と言っても、どの意味で用いられているか、はっきりしない。概念の混同を避けるため、文献では最広義の国際刑事司法共助のことを**「国際刑事司法協力」**(international judicial cooperation in criminal matters) と呼ぶことがある。

条約、立法例および文献には、しばしば単に「司法共助」「国際司法共助」という表現が用いられている。その際、「司法共助」という言葉がどの意味のものであるかは、内容に即して判断するしか、途はない[1]。

2 4つの形態の刑事司法共助のあらまし

① **犯罪人引渡し**は、逃亡犯罪人の現在する国（被請求国）からその者を訴追または刑事制裁の執行のために請求国に引き渡すことである。この制度は、新聞などでときどき報道されるので、世人に知られている。

わが国で有名な引渡し事件は、1990年4月、わが国から中国に引き渡した張振海の事件である。彼は、1989年12月16日、北京発上海経由ニューヨーク行きの中国国際航空（旧中国民航）機を離陸後、ハイジャックし、同機が同日午後、福岡空港に着陸した後、逮捕された。その後、中国から日本国に対する引渡しの請求がなされ、東京高裁が引渡しの法的許容性についての審査をすることになった。張容疑者側は、政治亡命であることを主張したが、東京高裁は、その主張を退け、引渡しの許容性を認める決定を下した。この事件は、新聞、テレビ等で大々的に報道されたので、国民は犯罪人引渡しのことを強く印象づけられた。

② **狭義の刑事司法共助**は、外国語では、普通、「小さな司法共助」と呼ばれている。その内容としては、外国の刑事事件のために行われる証人お

---

[1] たとえば、1979年のオーストリア「犯罪人引渡し及び刑事司法共助法」では、「刑事司法共助」という中には狭義の司法共助のみならず、外国刑事判決の執行および刑事訴追の移管が含まれている。ところが、1981年のスイス「国際刑事司法共助法」では、「刑事司法共助」という表現は最広義のものとして用いられている。

よび鑑定人の尋問、物の引渡し、捜索および差押え、検証、文書の送達、情報の提供などが、これに含まれる。

　狭義の刑事司法共助は、比較的最近までわが国ではほとんど知られていなかった。ところが、1976年（昭和51）2月4日、米国上院外交委員会の多国籍企業小委員会公聴会で、ロッキード航空会社の対日工作が明るみに出たことにより、田中角栄元首相に現金5億円の賄賂を供与した事件が発覚した。このいわゆる**ロッキード事件**に関連して、同年7月以降、ロ社元副社長および元東京事務所長に対する嘱託証人尋問が、カリフォルニア州の連邦地裁で行われた。この証人尋問調書は、日本の司法当局に送付され、これを有力な証拠として、田中元首相は、受託収賄と外為法（外国為替及び外国貿易管理法）違反で起訴された。

　ロッキード事件の嘱託尋問は、わが国が外国にある証拠を初めて入手した司法共助の事例であった。このような司法共助は、欧米諸国ではすでに19世紀から国際実務で行われていたが、日本では、学者も実務家も1976年当時までほとんどこれを知らなかった。

　③　**外国刑事判決の執行**は、すでに述べたように外国の刑事判決を内国で執行することである。わが国は、従来、「刑法の国家性の原則」に固執する立場からこの制度を採用していなかったが、2002年7月にヨーロッパ評議会の「受刑者移送条約」に加入したことにより、外国刑事判決の執行を認めるに至った（177頁を見よ）。

　④　**刑事訴追の移管**とは普通、犯罪地国から犯人の居住地国に請求して居住地国で犯人を訴追してもらう制度である。被請求国である居住地国は、犯人を訴追し、処罰する権限を有することになる。この制度は、近時、その重要性が国際的に認識されているにもかかわらず、わが国ではほとんど知られていない。

第1章　犯罪人引渡し

第1節　犯罪人引渡しの歴史

1　犯罪人引渡しの性質の変容

　犯罪人引渡しの起源は、今から3,000年以上も昔にさかのぼる。文献によれば、紀元前1280年ごろにエジプトのラムセス2世（ラメセス2世）とヒッタイトの皇太子 Hattusili 3世との間で締結された平和条約の中に、他方の国に逃亡した犯罪人を引き渡す旨の条項が規定されていた。
　同様な規定は、ギリシャと古代ローマとの間で締結された諸条約の中にも存在した。
　しかし、古代には、犯罪人引渡しは、政治犯人についてのみ行われたようである。なぜなら、君主らの政治権力者にとっては、自国の政治体制の変革を企てる政治犯人こそ最も危険な存在であって、弾圧すべき輩と考えられたからである。これに対し、その他の普通犯罪者（common criminals）については、一方では、厄介者が他国に逃亡することは望ましいことであり、他方では、犯罪人引渡しの制度が確立していなかったので、他国へ逃亡するに任せるよりほかに途はないものとされた。その後も、政治犯人の引渡しが、犯罪人引渡しの重要な部分を占めた。
　18世紀以前には、普通犯罪の犯罪人の引渡しは、最小限の程度にとどまった。たとえば、1174年から1794年までの間に英国が締結した犯罪人引渡条約は、わずか五つあっただけであり、しかも実際に行われた引渡しのほとんどすべてが、政治犯人の引渡しであった。英国に限らず、普通犯罪の犯罪人引渡しが例外的でなくなったのは、18世紀になってからのこと

である。

フランスでは、アンシャン・レジーム (ancien règime)（古い政治制度）の下では、政治犯罪は最も重大な犯罪とみなされ、犯人は特別重い刑に処せられた。他国に逃亡した政治犯人については、犯罪人引渡しが必要とされた。

1789年のフランス革命は、古い考えと制度を根本から打ち破った。そして、政治犯人に対する完全に自由で寛容な、新しい考えが登場したのは、1830年の7月革命と1848年の2月革命の結果であった。革命と反革命が相次いで起こったフランスでは、政治犯人は、しばしば次の政権の英雄となった。

フランス革命は、封建的専制政治を行っている近隣の諸国に大きな衝撃を与えた。それらの国は革命の波及を恐れて、政治制度の根本的変革を企てる者を弾圧したため、多くの政治犯人がフランスに亡命した。それらの政治犯人は、フランスにとっては、尊敬すべき自由の戦士であり、庇護すべき人々であった。ここから、**政治犯人不引渡しの原則**が生まれ、犯罪人引渡しの基本的性質は、普通犯罪の犯人の引渡しを内容とするものへと変容を遂げた。

2　3つの発展段階

犯罪人引渡しの歴史には3つの発展段階がある、と言われている。その分類の仕方については、次の2つの見方がある。

① **Martens による分類**

　a　古代から17世紀の終わりまで

　　この時期には、犯罪人引渡しは稀であって、しかも主として政治犯人、異端者、政治亡命者に係るものであった。

　b　18世紀から19世紀前半まで

　　この時期には条約締結が促進されたが、引渡しの主たる対象者は脱走兵であった。

c　1840年以降
　　　この時期には、諸国は、逃亡犯罪人に対する連合戦線を張った。
② ドンヌディュー・ド・ヴァーブルによる分類
　　a　古代から18世紀中葉まで
　　　行政協定段階と呼ばれているこの時期には、引渡しはもっぱら行政権の所管事項とされた。
　　b　18世紀中葉から1930年ごろまで
　　　立法段階と呼ばれているこの時期には、諸国で犯罪人引渡しに関する立法が相次いでなされた。その典型は、最初の近代的犯罪人引渡法と呼ばれる1833年10月1日のベルギー犯罪人引渡法である。同法は、三権分立の原則を貫く立場から、引渡しに関する権限を行政権と司法権とに分配した。この立法態度は、その後、諸国の立法に受け継がれた。
　　c　1930年ごろから今日まで
　　　国際的段階として特徴づけられるこの時期には、引渡しに関する重要な権限が司法権に属するものとされた。この時期が「国際的段階」と呼ばれるのは、犯罪人引渡しに関する国際条約の気運が高まり、諸国の犯罪人引渡法が国際的にほぼ共通の内容のものとなったからである。
　　　第2次大戦前に締結された多国間条約としては、1889年のモンテビデオ国際刑法条約(1940年改正)、1928年のブスタマンテ法典、1933年のモンテビデオ犯罪人引渡条約などが知られている。

3 第2次大戦後の引渡条約

　第2次大戦後、多国間の犯罪人引渡条約を締結する動きが、世界的に高まった。その中で、最も重要な意義をもつのが、1957年12月13日、パリで締結された「ヨーロッパ犯罪人引渡条約」(European Convention on Extradition)(1960年4月18日発効)である。

この条約は、ヨーロッパ評議会[2]（Council of Europe, Conseil de l'Europe）の構成国の間で、国際刑事司法協力に関する最初の条約として締結された。この条約は、締約国の共通の理解を得られるようにする見地から、基本的には古典的な犯罪人引渡法の諸原則を採用している。本条約の最大の価値は、同条約が締約国の間で以前に締結された2国間または多国間の犯罪人引渡条約を廃止する点にある。本条約によれば、締約国は、将来、本条約の規定を補充するため、または本条約に含まれている諸原則の適用を容易にするためにしか、新しい2国間または多国間の条約を締結することができない（28条）。

　この趣旨に沿って、1962年のベネルックス犯罪人引渡し及刑事司法共助条約、1972年の「ヨーロッパ引渡条約を補充するドイツ＝オーストリア条約」などが締結された。

　次に注目すべきは、1990年にキューバの首都ハバナで開かれた第8回国連犯罪防止会議で採決された国連の**「犯罪人引渡しに関するモデル条約」**（Model treaty on extradition）である（本書第3編の資料を見よ）。この条約は、犯罪人引渡しに関する2国間条約を締結する国々に役立てるために作成されたモデル条約であって、国際条約でないのはもとより、なんらの拘束力ももたない。しかし、その中には簡単な手続により弾力的かつ早期の解決を図ることを可能とする諸規定のほか、新しい時代に即応する諸規定も盛り込まれている。今後、世界の諸国がこのモデル条約を模範にしながら2国間または多国間の引渡条約を締結するならば、犯罪人引渡条約は、手続法的にも実体法的にも国際的にほぼ統一された内容のものとなるであろう。

　ＥＵ（欧州連合）は、1996年9月27日、「加盟国間の犯罪人引渡条約」

---

[2]　1949年に西ヨーロッパの政治的・経済的統合をめざす国際協議機関として設立された。構成国は、最初10ヵ国、2002年8月現在44ヵ国。本部は、フランスのストラスブールにある。ヨーロッパ評議会は、ＥＣ（ヨーロッパ共同体）ともＥＵ（欧州連合）とも異なる。この点、注意する必要がある。

を締結した（15ヵ国が署名）。この条約は、締約国間における既存の諸条約の適用を補充し、かつ、EU加盟国間における犯罪人引渡しを容易することを目的としたものであって、政治犯人不引渡しの原則の否定、自国民をも引き渡す原則の樹立、具体的双罰主義の緩和、特定主義の緩和など、弾力的運用に役立つ多くの規定を設けている。その意味で、この条約は、21世紀の犯罪人引渡法の進むべき方向を示すものとして、注目すべきものである。

第2節　犯罪人引渡しの法的構成

1　条約前置の問題

　犯罪人引渡しについては、請求国（requesting State）と被請求国（requested State）との間に引渡しに関する条約の存在することを要するか、という問題がある。条約の存在を必要であるとする建前は、**条約前置主義**と呼ばれる。これに対して、条約の存在は必要でないとする建前は、**非条約前置主義**と呼ばれる。

　今日、世界の諸国は、条約前置主義を採る国（Aグループの国）と非前置主義を採る国（Bグループの国）とに分かれている。たとえば、1988年の法改正までの英国は前者に属し、日本は後者に属する。条約前置主義がよいか、非前置主義がよいかは、一概に言うことができない。なぜなら、次に述べるように、前置主義の長所は非前置主義の短所であり、これとは反対に、前置主義の短所は非前置主義の長所であるからである。

　条約前置主義は、請求国と被請求国との間の権利と義務の関係を明確にし、併せて引渡しの請求を受けた者の人権を保障する点で長所をもっている。しかし、条約を締結していない国との間では引渡しが行われない結果、犯罪防止のための国際協力をなしえないことになり、同時に、それは自国にとっても不都合を招来することになる。たとえば、自国内で罪を犯した者が非締約国に逃亡したとき、その犯人の引渡しを請求することができないからである。

上に述べた前置主義の長所と短所は、逆の形で非前置主義の短所と長所となって現れる。日本は、非前置主義の国（Bグループ）に属するので、引渡条約を締結していない国との間でも引渡しを行うことができる。しかし、相手国が前置主義の国（Aグループ）であるときには、引渡しは行われない。

このように考えると、一方では、Aグループの国がBグループの国へと移ることが望まれるとともに、他方では、Bグループの国もできる限り引渡条約を締約することが要請される。

わが国は、1980年（昭和55）の日米犯罪人引渡条約を締結しているにすぎなかったが、2002年6月7日、日韓犯罪人引渡条約を締結した。欧米の先進国の中には、1国で100ヵ国以上の国との間で引渡条約を締結している国がある。わが国は、諸外国との間で積極的に犯罪人引渡条約を締結するべきである。

2 受動的引渡しと能動的引渡し

犯罪人引渡しには、いわゆる**受動的引渡し**（extradition passive）といわゆる**能動的引渡し**（extradition active）との、二つの場合がある。前者は、外国の請求にもとづき、内国から犯罪人を引き渡す場合であり、後者は、外国に請求して内国へ犯罪人の引渡しを受ける場合である。実体法および手続法の観点から多くの困難が生じるのは、受動的引渡しの場合である。能動的引渡しの場合には、内国は、外国に対して犯罪人の引渡しを請求し、外国（被請求国）における手続を経て引渡しを受けるだけであるので、引渡しを受けたことによって生じる法的効果（たとえば、特定主義による拘束）を除いては、格別の問題は生じない。

なお、受動的引渡しおよび能動的引渡しという表現は、英語、フランス語、その他のラテン系の言葉で用いられており、ドイツ語では、普通用いられていない。ドイツ語では、受動的引渡しを狭義の Auslieferung と言い、能動的引渡しを Einlieferung と言うことがあるが、一般的には"Auslieferung"という言葉が両者を含めた広い意味で用いられている。

3 実体法と手続法

　法規範としての犯罪人引渡法（extradition law, droit extraditionnel, Auslieferungsrecht）、すなわち、犯罪人引渡しに関する条約、協定および国内法は、実体法（すなわち、実体的犯罪人引渡法）と手続法（すなわち、手続的犯罪人引渡法）とに分かれる。

　実体的引渡法は、(1) 引渡しの実体的要件である引渡犯罪と双方可罰性（双罰性）、(2) 引渡しを限界づける特定主義、(3) 引渡請求に係る行為の特性に由来する引渡しの制限事由、たとえば、政治犯罪、軍事犯罪などに関する法規範である。

　手続的引渡法は、引渡しの請求の経路、請求書類、所管の当局、仮拘禁、拘禁などの手続面に関する法規範である。

　実体法と手続法の両者について主として問題になるのは、受動的引渡しの場合である。それゆえ、わが国の逃亡犯罪人引渡法（昭和28法68号）も諸外国の立法例も、受動的引渡しの場合を中心にして規定している。

4 引渡犯罪

　引渡犯罪（extraditable offence, fait donnant lieu à extradition, Auslieferungsdelikt）とは、犯罪人引渡しを行うことのできる一定種類の犯罪をいう。どのような種類および重さの犯罪を引渡犯罪とするかは、条約と国内法の定めるところによる。

　もともと犯罪人引渡しは、概念的には特定種類の犯罪に限定されることはない。しかし、犯罪人引渡しが手続と費用の両面で請求国と非請求国に多大の負担を強いることを考慮すれば、引渡しの理由とされる犯罪の範囲を限定する必要があるのは、むしろ当然である。

　従来、引渡犯罪を特定するために、列挙方式と消去方式（包括的方式）の二つの方式が採用されてきた。

　列挙方式は、たとえば、殺人罪、放火罪というように引渡犯罪を列挙す

る方式である。この方式は、引渡義務の範囲を明確にする点で長所をもっている。しかし、社会の変動と時代の推移につれて犯罪化が行われ、新しい犯罪（たとえば、コンピュータ犯罪、環境破壊罪）が誕生する。列挙方式を採ると、新しい犯罪を引渡犯罪として列挙するため、犯罪化が行われる都度、条約や国内法の改正を行わなければならず、その繁は耐えがたいことになる。

これに対し、**消去方式**は、一定種類の犯罪またはある程度以下の刑事制裁にあたる犯罪を引渡犯罪の範囲から除外する包括的方式であって、引渡犯罪の範囲をできる限り拡大しようとする見地からは優れている。近時の犯罪人引渡法は、引渡しをより容易にしようとする意図から、消去方式を採用する方向に進んでいる。

ヨーロッパ引渡条約は、引渡犯罪の範囲を、訴追のための引渡しにあっては、請求国および被請求国の法律により長期1年以上の自由刑または自由剥奪を伴う保安処分に処すべき犯罪に限定し、また、執行のための引渡しにあっては、宣告された刑事制裁は4ヵ月以上でなければならない、としている（2条1項）。

犯罪人引渡法の基本原則は、19世紀に一応の確立をみた。それらの諸原則は、犯罪人引渡し以外の国際刑事司法協力についても、基本的には妥当するものとされている。しかし、第2次大戦後、国際刑事司法協力が進むにつれて、上記の諸原則は、見直され、修正をこうむっている。

1969年9月～10月、ローマで開かれた第10回国際刑法会議は、その第4議題「犯罪人引渡しの現代的諸問題」につき、新しい国際情勢に対応すべく、古典的な犯罪人引渡法の諸原則を弾力的に修正する方向を打ち出した。この修正方向は、その後、着実な歩みを続けているように見える。

第3節　犯罪人引渡しの基本原則

1　相 互 主 義

〔1〕　相互主義の意義と分類

　犯罪人引渡法の諸原則の中では、相互主義が、最も重要なものとされている。

　相互主義（principle of reciprocity）の意義は、必ずしも明らかでない。言葉の意味からすれば、相互主義とは「相互性の原則」のことであるが、実は「相互性」の意義が明確でない。**相互性には段階がある**。双方の国が行う協力の内容が完全に一致することを要するものは、「**厳格な相互性**」または「絶対的相互性」と呼ばれ、これに対して、協力の内容がゆるやかな程度に合致しておれば足りるとするものは、「**ゆるやかな相互性**」または「相対的相互性」と呼ばれる。厳格な相互性を要求する立場は、**厳格な相互主義**と呼ばれ、これに対し、ゆるやかな相互性で足りるとする立場は、**ゆるやかな相互主義**と呼ばれる。

　厳格な相互主義によれば、犯罪人引渡しの請求に係る犯罪と同一種類の犯罪につき、また、同一種類の犯罪人について訴追または処罰をするという保証を請求国から得たときに限り犯罪人の引渡しを許すことになる。だが、この主義によれば、犯罪人引渡しが認められる範囲が限定される結果、犯罪防止のための国際的協力を図るという制度の目的に沿わない事態が生じる。このことは、1929年のドイツ犯罪人引渡法（DAG）の歴史によって実証されている。ドイツ犯罪人引渡法は、第1次大戦後のヴェルサイユ条約によってドイツにもたらされた差別的取扱いを撤廃させ、国家間の対等の権限を実現させるために、厳格な相互主義を維持する立場を取った。しかし、同法の厳格な態度は、大きな引渡障害を生んだ。同法の採る厳格な相互主義は、実体的正義に反し、かつ、逃亡犯罪人の不利益を招来したのみならず、犯罪人引渡しという司法共助の可能性を大いに減少させたので

ある。相互主義は、遅かれ早かれ、緩和されるべきものであった。

〔2〕 相互主義の緩和傾向

つとに1880年9月5日、国際法学会（Institut de droit international）は、その第5会期において、決議の第5項として「犯罪人引渡しにおける相互性の要件は、政策上要求されうるにすぎず、正義の要求に基づくものではない」を採択した。理論的にはこの決議の趣旨が正当である、と解されているようである。

相互性は、**国家平等性の原則**を認識させる唯一の方法であるとして、政策上要求された。なぜなら、たとえば、A国とB国との関係において、仮にA国はB国に対して犯罪人引渡しをするが、B国はA国に対して引渡しをしないというのであれば、完全に一方通行であって、国家の平等性を害することになるからである。それでは、完全な一方通行でなければ、相互性の要件に反するとは言えないはずである。これは、ゆるやかな相互主義の考え方である。

第2次大戦後、世界の政治的・社会的情勢は変わった。その変化は、二つの方向において看取される。まず、(1) 西ドイツが自由主義ヨーロッパ陣営に組み込まれることによって、相互性を実質的意味において理解し、適用すべきことが提唱された。もはや、相互主義の厳守を声高に主張して国家間の平等性を実現しようとする必要性は、その根拠を失った。次に、犯罪防止のための国際的連帯性の強化が、多くの国の間で国際的課題として認識されるようになったことである。その背景には、人と物の国際交流の増大によってもたらされた国際犯罪ないし国越犯罪（transnational crimes）の増加という現象がある。

このようにして、第2次大戦後、しだいに相互主義の緩和の傾向が認められるようになった。そして、第10回国際刑法会議（1969年、ローマ）は、相互主義の問題につき、「相互性の要件は、正義の必要から要求されるものではない。この要件が犯罪人引渡法における厳格な原則として維持され

ないことが望ましい」とする決議をした。

　ヨーロッパ引渡条約1条（引渡しの義務）は、明文をもって相互主義を掲げることをせず、逃亡犯罪人を「相互に引き渡すことを約束する」と規定するにとどめた。ここでは、相互主義を主張する権利を関係国に与えるにとどめているのであって、相互主義を最もゆるやかな意味で規定しているものと解される。この弾力的な立場は、その後に締結された2国間条約や多国間条約に影響を与えた。

〔3〕　ゆるやかな相互主義の事例

　伝統的な犯罪人引渡法は、自国民不引渡しの原則を基本原則の一つとしている。この原則を採用する国はしだいに減少する傾向にあるとはいえ、今なお、大陸法系の国に多く見られる。しかるに、英国、米国、カナダなど、英米法系の国は、この原則を採用していない。そのため、相互主義を厳格に貫くとすれば、英米法系の国でも自国民不引渡しの原則を採用すべきか、という問題が生じる。それにつき、事例を挙げて考察しよう。

〔第24例〕　ドイツ国民Aは、英国において強盗をした後、逮捕されないうちにドイツに帰った。

　この事例につき、仮に英国がドイツにAの引渡しを請求したとする。この場合、ドイツは、基本法（憲法に相当する）16条2項により自国民の引渡しが禁止されているので、引渡しの請求を拒絶することになる。しかし、ドイツは、属人主義（刑法7条2項1号）にもとづき、自国においてAを訴追し、処罰することができる。

〔第25例〕　英国人Bは、ドイツにおいて強盗をした後、逮捕されないうちに英国に帰った。

　この事例にあっては、事情は異なる。ドイツが英国にBの引渡しを請求したとすれば、英国の法律（1989年犯罪人引渡法1条、3条）は自国民についても引渡しを認めるので、英国は、Bが自国民であるとの理由では、引渡しを拒絶しない。

ここで相互主義の問題が生じる。すなわち、ドイツは自国民を引き渡さないのであるから、英国は、相互主義を理由として自国民の引渡しを拒むことができるはずである。仮に英国が自国民の引渡しを拒絶するとすれば、英国法は特別重大な犯罪（謀殺など）についてしか属人主義を採用していないので、結局、Ｂは処罰されないことになる。そうなれば、ドイツにとっては、Ｂが不処罰に終わることとの均衡上、Ａをドイツで属人主義にもとづいて訴追することは衡平の理念に反することになりそうである。

この問題は、どのように解決されているのであろうか。英米法系の国と大陸法系の国との間では、条約または交換公文によって、自国民の引渡しを拒んだ国は請求国から求められればその事件を自国の訴追当局に送致する旨の取決めをしている[3]。それによれば、英米法系の国は自国民を引き渡すが、大陸法系の国は、請求国から求められれば、事件を自国の訴追当局に送致することによって、相互主義の要請は満たされたものとされる。この場合、被請求国は自国民を起訴するとは限らない。それゆえ、相互主義の意味は、実にゆるやかに解釈されていることになる。

2 双方可罰主義

〔1〕 双方可罰主義の意義

双方可罰主義とは、引渡しの請求に係る行為が請求国の法律と被請求国の法律との双方によって可罰性を有することを要する、という原則である。

犯罪人引渡しにおける双方可罰主義（以下「**双罰主義**」という）は、国際刑事司法協力における基本原則の一つとされる双罰主義の典型であるかのごとくみなされている。しかし、近年、狭義の国際刑事司法共助、すなわち、いわゆる「小さな司法共助」にあっては、双罰主義を放棄すべきだ、という見解が有力に唱えられている。この動向は、犯罪人引渡しにおける

---

[3] たとえば、1977年7月11日の西独＝カナダ引渡条約5条3項、1978年6月20日の西独＝米国引渡条約7条3項、1978年9月25日の西独＝英国交換公文3条3項。

双罰主義にもなんらかの形で影響を与えているように見える。

〔2〕 双方可罰主義の例外

　犯罪人引渡しは、請求国において訴追する目的または刑事制裁の執行をする目的で、逃亡犯罪人を被請求国の領域から請求国へと引き渡すことを内容とする。それゆえ、引渡しの請求に係る行為が請求国の法律によって可罰的であることが、当然、前提とされている。したがって、双方可罰性（以下「**双罰性**」という）の要件について問題になるのは、**被請求国の法律とどの程度の共通性を有するか**、ということである。

　双罰性の要件は、被請求国の主権を尊重する考え方を基礎としている。すなわち、もし、引渡しの請求に係る行為が被請求国で犯されたとすれば、その犯人は被請求国で訴追・処罰の対象となりえたはずであるから、その犯人を請求国に引き渡しても差支えない、というのである。この考え方は、国家主権の観念が緩められるにつれて修正された。すなわち、特別の事情がある場合には双罰主義の例外が認められるに至った。

　つとに、1880年、国際法学会は、「逃亡先の国の特別の制度又は地理的状況のゆえに、犯罪を構成する行為の事情が出現しない場合には」双罰性の要件を放棄すべき旨の決議（項目11）をした。

　スイスでは、1892年の犯罪人引渡法（SAG）4条は、双罰主義の例外を明文で規定していた。すなわち、請求国の法律により可罰的とされている行為が、スイス法によれば、たとえば、地理的状況の相違のような、外部的事情のゆえに可罰的とされていない場合にも犯罪人引渡しを許すことができるとしていた。1981年のスイス共助法（IRSG, EIMP）は、このような明文規定を設けていないが、（法案の説明書によれば）1892年法の立場を受け継いでいる。

　ここで「地理的状況の相違」とは、たとえば、海に面していない内陸国（スイス、ルクセンブルグなど）の法律には、オランダに存在する堤防の保護に関する処罰規定が含まれていないことを指す。このような場合に認め

られる双罰性の例外は、「**双罰性の本来的例外**」と呼ばれている。この本来的例外は、いわば当然の例外であるから、法律の明文規定がなくても、今日、国際刑事司法協力の実務では是認されているように見える。外国の学説も、それを肯定している。

　外国では、双罰主義を完全に廃止すべしと説く有力な見解が、つとに表明されている（1905年、リストの所説）。立法例の中には、北欧諸国の犯罪人引渡法のように双罰性の要件を排除したものもある。今後、理論と実際の両面において、犯罪人引渡しにおける双罰性の要件は緩和される方向に向かうであろう。

3　政治犯人の不引渡し

〔1〕　沿　革

　犯罪人引渡法にあっては、**政治犯人不引渡しの原則**が19世紀の初頭以来、基本原則の一つとされている。古代には、政治犯人の引渡しが最も重要な意味をもち、しかも最もしばしば行われたのであるが、フランス革命以後、政治犯人は、最も進歩的な近代的政治思想の持ち主であるとみなされ、ここから政治犯人不引渡しの原則が生まれた。

　この原則を初めて明文をもって規定したのは、近代的な犯罪人引渡法といわれる1833年10月1日のベルギー犯罪人引渡法である。この規定は、諸国における犯罪人引渡法の発展に大きな影響を与え、その後、政治犯人の不引渡しを規定する条約が増加した。しかし、それらの条約では、「政治犯罪」の定義はなされていない。それは、条約で定義することの困難性が考慮されたからであろう。そうなれば、**政治犯罪かどうかは、被請求国の政府の判断に委ねられる**ことになる。

　そうなると、政治犯人の中には無政府主義的なテロや人身危害を行う者があるが、それらの者の行為も「政治犯罪」とみなされる可能性がある。そこで、ベルギーの1856年3月22日法は、1833年の犯罪人引渡法6条に、次の第2項を追加した。

第6条（政治犯罪）
　②　外国の元首又はその家族の一身に対する加害は、それが故殺、謀殺又は毒殺の行為にあたるときは、政治犯罪とも政治犯罪に関連する犯罪ともみなされない。

この規定は、**ベルギー条項または加害条項**と呼ばれている。ベルギー条項は、その後、諸国の法律や条約に取り入れられたが、時代の推移につれて、その内容が拡大されている。それは、言いかえると、「政治犯罪」概念の縮小傾向を物語るものである。

〔2〕　学説による政治犯罪の分類

「政治犯罪」(political offence, infraction politique) という言葉に与えられる解釈は、国によって著しく異なっている。今日、学説は、一般に「政治犯罪」を次の4種類に分類しているように見える。

(1)　絶対的政治犯罪

　　これは、内乱罪、外患罪、スパイ罪などのように、国家の存立に対する直接の攻撃を内容とする犯罪であって、**純粋政治犯罪**とも言われている。

(2)　複合的政治犯罪

　　これは、政治的動機の下に個人的法益を侵害する罪をいう。つまり、絶対的政治犯罪と普通犯罪とが複合した犯罪である。その代表的なものとして、内乱罪の場合に国家の元首およびその家族の生命に対して危害を加える行為が挙げられる。この加害行為がなされた目的いかんを問わない。

(3)　関連的政治犯罪または関連犯罪

　　これは、絶対的政治犯罪または複合的政治犯罪を遂行し、もしくは容易にするため、またはそれらの行為者を保護するために犯される犯罪をいう。

　　関連犯罪という概念は、1833年のベルギー犯罪人引渡法6条にな

らって、1929年のドイツ犯罪人引渡法（DAG）3条1項が取り入れたものである。関連犯罪自体は、本来、政治犯罪ではなく、普通犯罪である。政治犯罪と普通犯罪との内的な目的関係があるときに、関連性が認められる。たとえば、政治的騒乱の間に行われた兵器庫からの武器・弾薬の掠奪が、関連的政治犯罪とされる。

(4) 相対的政治犯罪

　　これは、政治的性格が優越的であるような状況において犯された普通犯罪であるとか、政治活動に密接に結び付いている普通犯罪をいう、と定義されている。その代表的事例として、革命資金を用意するために行う銀行強盗などを挙げることができる。

　これら4種類のうち、絶対的政治犯罪については、政治犯人の不引渡しを認めるに特別の困難はないという点で、学説は一致しているように見える。しかし、近時、「政治犯罪」概念が縮小される傾向にあるので、この見地から伝統的な学説の立場は、再検討される必要がある。他方、相対的政治犯罪については、これを「政治犯罪」に含めない見解が少なくなかったが、近時の国際的刑事思潮は、それを修正する方向に動いているように見える。

〔3〕「政治犯罪」概念の縮小

　ベルギー犯罪人引渡法が政治犯人不引渡しの原則を規定して以来、この原則の適用範囲の拡大に歯止めをかけるため、やがて「政治犯罪」概念の縮小が試みられるようになった。

(1) 加害条項の適用範囲の拡大

　加害条項は、最初、元首とその家族に対する殺害に限定されたが、後には、元首、その家族のみならず、外交官に対する一身的加害、テロ行為のごとき特別凶悪犯罪にまで拡大される傾向にある。

(2) テロ行為

　テロ行為を「政治犯罪」から排除することによって不引渡しの原則の修

正を図ろうとする動きが、19世紀末葉から始まった。第2次大戦後、この動きは、国際的に盛り上がった。その動きの典型的成果は、1977年1月27日の「テロ行為防止ヨーロッパ条約[4]」に見られる。

　同条約は、〔A〕航空機強取、国際的保護を受ける者に対する重大な犯罪、誘拐、人質等の犯罪、爆弾犯罪等を「政治犯罪」とみなすことを禁止し（絶対的除外方式）（1条）、〔B〕人の生命、身体または自由に対するその他の重大な暴力行為を「政治犯罪」とみなさないことができるとした（裁量的除外方式）（2条）。このように、同条約は、テロ行為を引渡犯罪とすることにより、政治犯人不引渡しという伝統的例外に例外を設けた。この**「例外の例外」**原則の導入によって、「政治犯罪」概念は、大幅に縮小された。

　(3)　人権条項

　人権条項は、**差別条項**（discrimination clause）とも呼ばれている。人権条項とは、国際刑事司法協力の請求に係る者が、その者の人種、宗教、国籍、政治的意見等のゆえに、請求国において訴追され、刑事手続において不利益をこうむり、または刑事制裁を加重することを信ずるに足りる重大な理由があるとき、被請求国が共助の請求を拒絶する旨を定めた条項をいう。

　近年、人権条項を規定する条約や立法例が増える傾向にある。ヨーロッパ引渡条約3条2項、スイス共助法3条2項などが、それである。

　このようにして、国際的観点における「政治犯罪」とはなにかという問題は、1世紀以上にわたって議論の対象とされてきたが、それに対する答えは、今日に至るも見出されていない。第2次大戦後の経験に照らせば、政治犯罪とはなにかを客観的に確定することは危険であろうというのが、支配的見解であるように見える。

　4）　森下「テロ行為防止に関するヨーロッパ条約」同・潮流163頁以下。

4 自国民の不引渡し

〔1〕 歴史的概観

自国民の不引渡し（non-extradition of nationals）の起源は、古い時代にまで遡る。ギリシャの都市国家は自国民を引き渡さず、イタリアの諸都市はこの慣行に従った、と言われる。ローマの市民は、通常、外国に引き渡されなかった。その根底には、自国民を外国に引き渡すことは、自国民の死を意味しないまでも、自国の法的保護の領域外へ放逐するのと同等の結果を招来することを意味する、という事情があった。時代が下ってくると、このような事情は解消したが、それにもかかわらず、外国の裁判に対する不信感のゆえに、自国民不引渡しの方針は、国際実務で引き継がれた。

近代における自国民不引渡しの実務の出発点は、オランダとフランスが1736年の国内法で採用した犯罪人引渡しに関する政策に見られるようである。その背後には、カトリック教徒とプロテスタント教徒との間に宗教的対立が存在したため、一方の教徒は他方の教徒の国の裁判所で公平な扱いを受けない、という事情があった。

19世紀のヨーロッパでは、自国民の引渡しは国家の尊厳を損なうものであり、かつ、自国民を保護すべき国家の義務に反する、という考えが支配的であったように見える。自国民の不引渡しを明文で規定した最初の条約は、1834年のフランス＝ベルギー引渡条約であった。フランスが1844年以降に締結した引渡条約は、すべて自国民の引渡しを認めていない。しかし、19世紀末葉以降、フランスは英米法系の国との間の引渡条約において、自国民の引渡しを認める英米法系の国の法制を考慮して、自国民の引渡しを拒む権利（引渡しの裁量権）を締約国に認めるに至った。

このような弾力的態度は、フランスのみならず、大陸法系の国に広く認められる最近の傾向であって、その根底には、英米法系の国の制度との差異を縮めようとする配慮が見られる。

〔2〕 2つの基本的立場

自国民の引渡しについては、〔A〕これを認める英米法系の国の立場と、〔B〕これを基本的に否定する大陸法系の立場とがある。

A 自国民の引渡しを認める立場

一般に英米法系の国は、自国民でも外国に引き渡す立場を取っている。それは、英米法系の国では、内国刑法の適用について属地主義に限定する基本的態度を取り、特別の場合に限り、自国民の国外犯を罰しているにすぎないので、自国民の国外犯を処罰するためには自国民を外国（ほとんどの場合、犯罪地国）に引き渡す以外に方法がないからである。したがって、引渡しの対象となる逃亡犯罪人の国籍について、自国民と自国民以外の者との間に特別の差異を設けることは、伝統的に認められていない。

1878年、英国の王立犯罪人引渡委員会は、「犯罪は、犯罪地国の法律の違反である」との基本的立場から、自国民の引渡しの合理性を明確に示した。このほか、英米法系の国で自国民の引渡しが支持される重要な根拠の一つとして、それらの国の刑事裁判では法廷中心主義が採用されているので、証拠の収集、法廷における口頭弁論の適正な遂行等の見地からも、犯罪地国で犯人を訴追することが望ましい、とする考えがあった。

米国も、英国と同様、伝統的に自国民不引渡しの実務に反対の態度を取ってきた。米国の見解によれば、相手国が自国民を引き渡さないことでさえ、条約で拒絶権が規定されていない場合には、米国国民の引渡しを拒む理由とはなりえない。

1961年以降、米国は、条約締結についての態度を変更したようである。同年以降に米国が締結した引渡条約は、被請求国には自国民引渡しの義務はないとしながらも、行政府の裁量により自国民を引き渡す権限を被請求国に認めている。1978年の日米犯罪人引渡条約なども、同趣旨の規定を置いている。これらの規定にあっては、ただし書きで、いわゆる**裁量条項**（discretionary clause）が取り入れられた。この条項にもとづき、現に米国

は自国民を日本に引き渡し、また、日本も自国民を米国に引き渡している。

B　自国民の引渡しを認めない立場

　大陸法系の国は、一般に自国民不引渡しの原則を採っていると言われる。しかし、20世紀に入って、特に第2次大戦後、英米法系の国の制度との調和を図ろうとする動きが見られる。

　第2次大戦前には、自国民不引渡しの原則を堅持する立法例が、いくつも存在した。たとえば、1892年のスイス犯罪人引渡法（SAG）は、自国民の引渡しを拒絶する立場を取り、いかなる例外も認めなかった（2条1項）。この法律は、諸国がその主権をあくまでも維持することに努めた時代の産物であった。フランスの1927年犯罪人引渡法（3条1項）も、同様であった。

　ドイツの1929年犯罪人引渡法（DAG）は、第1次大戦で敗戦の憂き目に遭ったドイツが、国家主権の観念を高揚させた時代に制定されたものであるので、その時代精神の反映として自国民不引渡しの伝統的立場を堅持した（1条）。この立場は、1871年のドイツ刑法9条が「ドイツ人は、訴追又は処罰のために外国政府に引き渡されてはならない」と規定し、また、1919年のワイマール憲法112条3項が基本的にそれにならったのを承継したものである。1949年のドイツ基本法16条2項も、「ドイツ人は、外国に引き渡されてはならない」と規定している。

　第2次大戦後、大陸法系の国は、従前の厳格な態度を緩和し始めた。たとえば、イタリアの1947年憲法は、「条約で明文をもって規定する場合を除いて、国民の引渡しは認められない」と規定することにより（26条1項）、条約（国際協定）の明文規定があれば自国民の引渡しが許される、という弾力的立場を取った。もし、自国民の引渡しを拒絶したとすれば、属人主義にもとづいて裁判権が行使されることになる。

　ドイツは、1977年以降に締結した引渡条約等において、「締約国は、自国民を引き渡す義務を負わない」との弾力的立場を取り、しかも自国民の

引渡しを拒絶した場合、請求国から要求があれば、その事件を訴追する権限のある当局に送致する旨を規定している。これは、大陸法系の制度と英米法系の制度との調和を図ろうとする典型的な規定であって、近時、締結される多くの条約に見られるところである。

〔3〕 自国民の不引渡しをめぐる賛否の意見
A 不引渡しに賛成する立場
 19世紀の後半にヨーロッパで一応の確立を見た自国民不引渡しの原則は、多くの学者によって支持された。しかし、その根拠は、必ずしも論理的なものではない。文献では、自国民不引渡しの原則の主たる根拠を外国の裁判に対する不信に見出すものが、有力であるように見える。この不信感は、陸続きのヨーロッパ諸国の間では、永い歴史の間に幾度も戦い、裏切りさえ体験したという苦い体験に基づいているようである。

 治乱興亡の歴史をくり返してきたヨーロッパ諸国の間に暗黙の敵対性が根づいていたことは、理解することができる。しかし、英米法系の国の間でも、程度の差こそあれ、そのような暗黙の敵対性は存在したであろう。それにもかかわらず、英米法系の国で自国民の引渡しが認められたのは、なぜであろうか。この疑問につき明確な答えをした文献は、見当たらない。察するに、それは、刑法適用法の領域で、属人主義が極めて限られた範囲内でのみ属地主義を補充するものとして採用されて来たことによるであろう。ただし、このような説明が合理的根拠をもつものであるかについては、疑問が残る。

B 不引渡しに反対する立場
 自国民の不引渡しに批判的な見解は、19世紀後半以降、大陸法系の学者によって表明されていた。20世紀に入ると、大陸法系の学者の中で自国民の引渡しを支持する見解がしだいに増加し、第2次大戦後には、この傾向が強まって行くように見える。

自国民の引渡しに賛成する理由は、次の三つに要約される。
　(1)　被請求国である犯人の国籍国（いわゆる本国）で裁判する場合には、訴追上、多大の費用を要し、証拠収集が必ずしも十分に行われず、しかも訴訟により多くの時間がかかるなどの不都合が生じる。
　(2)　犯人の国籍国では、訴追当局が訴追に熱心でない結果、無罪判決または軽い刑が言い渡される可能性がある。この可能性が現実となったとき、請求国は、被請求国の刑事司法について不信をいだくであろう。
　(3)　条約で明文の規定がある場合を除いて、被請求国は、引渡しを拒絶した事件の訴追をするとは限らない。現に、自国民の引渡しを拒絶した被請求国は、必ずしもその自国民を内国で起訴していない。

〔4〕　問題解決への途
　自国民の引渡しを認める国と認めない国との間に法制上の差異が依然として存在する現在、両者の立場の調和を図ることは、容易ではない。現在、世界には、一方では、政治的・経済的・文化的に発展途上の国が少なからず存在し、他方では、先進国の中にも自国民の不引渡しを憲法で保障している国がある。このような状況下で問題を解決する途としては、次の三つが考えられる。
　(1)　**裁量的引渡しの導入**
　裁量的引渡しの制度は、すでに多くの条約や立法例で採用されている。1978年の日米引渡条約5条、2002年の日韓引渡条約6条も、自国民の裁量的引渡しを認めている。今後、国際実務で裁量的引渡しが活発に行われるようになれば、自国民の引渡しを認める国と認めない国との間の差異は、しだいに埋められていくことになる。
　(2)　**訴追当局への事件送致義務**
　被請求国が自国民の引渡しを拒絶した場合において、請求国から請求がなされたとき、権限のある訴追当局にその事件を送致すべき義務を被請求国に負わせることである。

この方法は、ヨーロッパ引渡条約6条2項などによって採用されており、その後もこの方法を採用する条約は増加している（たとえば、日韓引渡条約6条）。しかし、事件送致義務は、訴追義務とは同じでない。被請求国の訴追当局が自国民を訴追しないことは、少なからず生じうる。

(3) 受刑者の移送

受刑者の移送（transfer of sentenced persons）は、外国（普通は犯罪地国）で確定した刑事判決を受けた者（受刑者）をその者の国籍国（または居住地国）に移送し、国籍国で外国刑事判決を執行する制度である。この制度は、受刑者の矯正処遇と更生保護を最も適当な機関である国籍国の当局に委ねることをねらいとしている。

この制度を採用すれば、自国民を引き渡した被請求国は、犯罪地国で刑事判決が確定した受刑者の移送を受けて、内国で外国刑事判決を執行することになる。1988年のオランダ犯罪人引渡法4条は、この制度を導入したものとして注目される。これによれば、被請求国は、請求国における裁判確定後、内国で外国判決を執行することができるよう、受刑者の移送を受けることを条件として、自国民を請求国に引き渡すことになろう。この制度が問題解決の新しい方策として効果をあげることが、期待される。

5 一事不再理

犯罪人引渡しにあっては、一事不再理の原則の国際的適用を認めるべきかが、一つの問題となっている。

一事不再理の原則は、犯罪人引渡しに関しては次の法的効果を生じる。すなわち、(1) 被請求国において同一の犯罪事実について刑事訴追が進行中であるとき、(2) この刑事訴追による裁判の結果、判決が確定するに至ったとき、および(3) 同一の犯罪事実につき、第三国において裁判が行われ、判決が確定したときは、いずれも犯罪人引渡しが拒絶されることがある、という効果を生じる。

1957年のヨーロッパ引渡条約8条（同一の犯罪に対する進行中の訴追）は、

上記(1)の場合につき、引渡しを拒むことができる旨を規定している。
　ついで、同条約9条は、上記(2)の場合につき、次のとおり規定する。
　第9条（一事不再理）
　　引渡しを求められている者が、被請求国の権限のある当局により引渡しの請求に係る犯罪について確定判決を受けたときは、引渡しは許されない。被請求国の権限のある当局が同一の犯罪について訴追しないこと又は訴追を終止することを決定したときは、引渡しを拒むことができる。

　第9条第1文は、引渡しの義務的拒絶の場合を規定したものである。「確定判決」という中には、無罪の判決、刑の免除の判決および有罪判決が含まれる。第2文は、引渡しの裁量的拒絶の場合を規定したものであって、特に予審免訴（non-lieu）の決定があった場合を考慮したものである。ヨーロッパ条約には、上記(3)の場合（すなわち、第三国で確定判決があった場合）に関する規定がない。そこで、1975年10月15日の、「ヨーロッパ犯罪人引渡条約の付加議定書」2条により追加された同条約9条2項は、上記(3)の場合につき義務的拒絶を規定した。
　国連の犯罪人引渡モデル条約3条（必要的拒絶事由）d号は、「その者の引渡しが請求されている犯罪に関して、被請求国においてその者に対してなされた終局判決があったとき」には引渡しは許されない旨、規定する。これは、ヨーロッパ引渡条約9条（Ne bis in idem）第1文の趣旨を受け継いだものであろう。だが、確定判決の存在をもって必要的拒絶事由とすることには、疑問がある。法制や文化の程度に差異がある国相互間では、請求国としては、被請求国における確定判決を内国の確定判決と同視することにつき、納得しがたい場合もあるであろう。ましてや、犯罪地国における捜査が不十分と見られる場合には、しかりであろう。
　〔第26例〕　日本人A、B、Cの3人は、フィリピンの観光旅行に出かけ、海でボートに乗った。AとBは、共謀の上、泳ぎのできないCを海に突き

落とし、溺死させた。AとBは、殺人のかどで起訴されたが、証拠不十分で無罪となった。Aは帰国して、自己が受取人となってCに掛けていた多額の保険金を受け取ったが、Bは、フィリピンに滞在している。日本の警察がAを取り調べたところ、Aは、保険金殺人を自供した。AとBに対する逮捕状が発せられたので、日本政府は、フィリピン政府に対してBの引渡しを請求した。

この場合、フィリピン政府は、同一の犯罪事実につき確定判決が存在することを理由として、引渡しを拒絶するであろうか。仮に、日比両国間に上記の国連引渡モデル条約3条d号と同様な規定が存在するとすれば[5]、フィリピンは、日本からの引渡しの請求を拒絶すべきことになる。だが、第26例におけるように再審事由にあたる新証拠が現れた場合についても一事不再理の原則の国際的適用を認め、引渡しの請求を拒絶すべきだとすれば、正義と衡平の見地から耐えがたい不合理な帰結が生じる。

ところで、引渡条約に一事不再理を理由とする請求の必要的拒絶が明文で規定されていないとしても、被請求国の国内法に必要的拒絶事由とする明文規定があるとき[6]、または明文規定がなくても実務で一事不再理を理由とする引渡拒絶の方針が維持されているときは、それに従って引渡しは拒絶される。

そのような場合、第26例の日本人Bについては、外務大臣または領事官が旅券の返納を命ずる（旅券法19条1項）。そうなれば、Bは不法滞在者になるので、滞在国から日本へ強制送還されることになる。実務では、この方法がしばしば講じられている。しかし、この方法は、日本国民についてのみ可能であるので、逃亡犯罪人が日本国民以外の者であるときは、依然として問題は未解決のまま残ることになる。

---

5) 現実には、日本とフィリピンとの間に犯罪人引渡条約は締結されていない。
6) わが国の逃亡犯罪人引渡法2条（引渡に関する制限）は、「その事件について日本国の裁判所において確定判決を経たとき」を絶対的な引渡拒絶事由としている。

6 特定主義

〔1〕 意　義

犯罪人引渡しにおける諸原則のうち、特定主義（rule of speciality, règle de la spécialité）は、最も重要で、しかも困難な課題を提供するものと言われている。

特定主義については、国と時代によって相違が見られる。今日では、国際的な通説および大多数の条約は、基本的に純粋特定主義の立場に立っている。

この立場にあっては、**特定主義**とは、引き渡された者は犯罪人引渡しの許諾に係る犯罪であって、引渡しの実施以前に行われた犯罪以外の犯罪について訴追されることも処罰されることもない、という原則を意味する。これを請求国の側から見ると、自国は、被請求国によって引渡しが許諾された犯罪についてのみ、引き渡された者を訴追し、または処罰することができる。その限りで、請求国は、主権の行使を制約されることになる。

犯罪人引渡しにおける特定主義は、今日の国際社会では、**一般的に認められた国際法の原則**として妥当している。それゆえ、特定主義は、条約または国内法にこれに関する規定がないときでも適用されなければならない。特定主義に違反することは、引渡しが条約にもとづかないで行われるときでも、国際法の違反となる。

〔2〕 特定主義の沿革と発展

特定主義は、19世紀になって初めて登場した政治犯人不引渡しの原則と関連して発達した。なぜなら、仮に強盗などの普通犯罪を理由として引渡しを受けた国が政治犯罪について犯人を訴追することとなれば、政治犯人不引渡しの原則は踏みにじられ、被請求国の主権が侵害されることになるからである。

特定主義の考えは、1833年のベルギー犯罪人引渡法6条で初めて明記さ

れた。そこでは、ベルギー主義と呼ばれる「**ゆるやかな特定主義**」が採用された。この主義には、被請求国が政治犯罪と認めたものを請求国が普通犯罪とみなして犯人を訴追・処罰するという重大な危険が潜んでいた。

そこで、フランスは、1850年以降に締結した条約で**純粋特定主義**を採用した。それは、「引き渡された者は、引渡しの理由とされた犯罪以外の犯罪について裁かれることはない」とするもので、**フランス主義**と呼ばれている。

フランス主義は、その後、多くの犯罪人引渡条約によって採用され、20世紀に入ってからは、伝統的な犯罪人引渡法のまぎれもない基本原則として広く諸国に認められるに至った。

〔3〕 特定主義の緩和

特定主義を厳格に貫くことは、被請求国の主権の尊重と逃亡犯罪人の人権擁護とに役立つ。しかし、反面、引渡しを受けた国（請求国）における刑事司法の運用を窮屈にするおそれがあることも否定できない。なぜなら、請求国において引き渡された者に対する訴追・裁判を進めるにつれて、その者が引渡しの許諾に係る犯罪以外であって、観念的競合、併合罪等の関連犯罪を犯していたことが判明し、これをも併せて訴追・裁判することが妥当とされる場合が、しばしば出現するからである。それらの場合に、これらすべての犯罪について新たな請求手続を被請求国に対して執らねばならないとすれば、煩項な手続と日数を要することのほか、公訴の時効、共犯者の事件の訴追・裁判などとの関係で、請求国における刑事訴追および司法の運用を困難にすることは、明らかである。

この困難を回避するために、三つの方策が考え出された。

(1) 特定性の範囲の緩和

これは、新しい法的評価によっても引渡しが許されるであろうときに、その限りで訴追・処罰を可能とする考えにもとづく。たとえば、単純窃盗を加重窃盗に、窃盗を横領に、また、窃盗を強盗に変更することは許され

る。なぜなら、犯罪人引渡しは歴史的事実としての犯罪について行われるのであって、それゆえ、歴史的事実としての犯罪事実が同一である限り、請求国における法的評価の変更は可能と考えられるからである。

ここでは、変更後の犯罪が初めから引渡請求の理由とされていたとすれば被請求国が引渡しを許諾したであろうということが、大切である。それゆえ、仮に傷害致死罪についてAの引渡しを受けた請求国がAを殺人罪で訴追・処罰するとすれば、被請求国が殺人罪については死刑問題を理由にして引渡しを拒絶したであろうと考えられるときには、殺人罪への変更は許されないことになる。

このように、**修正された特定主義**は純粋特定主義をやや緩和したものと解されるのであるが、それによれば、他の行為を理由とする訴追・処罰が禁止されるのであって、訴追・処罰すること自体は禁止されていない。

ヨーロッパ引渡条約14条3項も、「当該犯罪に付与された罪名が手続中に変更されたときは、引き渡された者は、新たに記述された犯罪の構成要件が引渡しを許す範囲内に限って訴追され、又は裁判を受ける」と規定している。

(2) 引き渡された者の同意

引き渡された者（本人）の明示かつ任意の同意があった場合において、これが引渡国（被請求国）に伝達されたときは、引渡許諾に係る犯罪以外の犯罪について請求国で訴追・処罰すること（いわゆる**犯罪人引渡しの拡大**ないし**訴追の拡大**）ができるか。これを明文をもって肯定した条約や国内法は、少なからず存在する。

本人の同意は、被請求国の同意と対比して考察する必要がある。条約または国内法の規定がないのに、本人の同意をもって一般的に被請求国の同意に代わるものとするのは、妥当でない。

(3) 安全行動の保障期間の経過

安全行動（safe conduct, freies Geleit）とは、引き渡された者（本人）が請求国において刑事手続から確定的に釈放された後、すなわち、不起訴処分、

無罪判決または恩赦を受け、刑の執行を終えるなどした後、引渡しの理由とされた犯罪以外の犯罪について訴追・処罰されることなく、その他一身的自由を制限されることもなくて、請求国において安全に行動することができることを意味する。その者が請求国の領域を離れた後、そこに戻って来たときも、同様である。このように特別な法的地位は、純粋特定主義から由来するものであって、無期限に存続する。

ところが、この安全行動の保障期間を1カ月ないし3カ月に制限することによって特定主義を緩和しようとする試みが、19世紀の後半以降、現れた。この試みは、1930年ころには世界的に広く認められるに至った。

ヨーロッパ引渡条約14条は、この保障期間を45日とし、国連の引渡モデル条約14条は30日ないし45日とし、日米引渡条約7条1項は45日としている。今日では、ほとんどすべての引渡条約が保障期間を定めることによって、純粋特定主義の緩和を図っている。

ちなみに、次に掲げるヨーロッパ引渡条約14条1項は、本人の同意がある場合のほか、保障期間が経過した場合に特定主義の緩和を認めた典型的規定として参考になる。

第14条（特定主義）

① 引き渡された者は、次の場合を除いて、引渡しの理由となった犯罪以外で、身柄引渡しの前に行われた犯罪につき、訴追されることも、裁判を受けることも、刑罰又は保安処分の執行のために拘禁されることもなく、また、その他いかなる自由の制限にも服しない。

(a) 被請求国がその者の引渡しに同意したとき。（以下省略）

(b) 引き渡された者が、引渡しを受けた国の領域を離れることが可能であったにもかかわらず、その最終釈放から45日以内にそこを離れなかったとき、又はその国の領域を離れてそこに戻って来たとき。

第4節　犯罪人引渡しの手続

1　正式引渡しの方式

　犯罪人引渡しの手続については、いわゆる受動的引渡しの場合（外国からの請求にもとづき内国から引き渡す場合）には、内国は、国内法で定める厳格な手続をしなければならない。内国にいる逃亡犯罪人が外国（請求国）に引き渡されたならば、その者は請求国で訴追・処罰される可能性が大きい訳であるから、逃亡犯罪人の人権擁護のため、内国の刑事手続に準ずる厳格な手続をすることが要求される。

　この見地から、従来、正式引渡しの方式ともいうべき厳格な手続方式が、いずれの国でも採用されていた。これに対し、近時、略式引渡しの方式が、多くの条約や国内法で採用されるに至った。

　正式引渡しの方式は、引渡しの法的許容性を裁判所が審査・決定し、その司法的決定があった後、行政府（法務大臣、国務長官等）が引渡しの相当性を判断し、これが肯定された場合に引渡しの決定をするという、2段階の手続構造を採るのが、普通である。

　引渡しの法的許容性とは、たとえば、引渡しの請求に係る犯罪が政治犯罪にあたらないこと、引渡犯罪であることなど、法定の引渡許容要件を具備していることをいう。この法的許容性の審査をする司法当局は、国によって異なる。たとえば、わが国では東京高等裁判所（逃亡犯罪人引渡法8条以下）、ドイツでは高等裁判所（共助法29条）、フランスでは控訴院（犯罪人引渡法14条）である。

　この司法当局の審査は、終審である。それゆえ、たとえば、東京高裁が「逃亡犯罪人を引き渡すことができない場合に該当する」旨の決定をしたときは（引渡法10条1項2号）、もはや引渡しをすることはできず、逃亡犯罪人は、直ちに釈放される（引渡法12条）。これに対し、東京高裁が「逃亡犯罪人を引き渡すことができる場合に該当する」旨の決定をした場合には、

法務大臣が「逃亡犯罪人を引き渡すことが相当である」かどうかを判断することになる。

　法務大臣は、逃亡犯罪人が日本国民であることとか、その者の健康状態を考慮して引き渡すことが相当でないと判断することもあろう。法務大臣が引渡しを相当と認めるときは、逃亡犯罪人の引渡しが命ぜられることになる（引渡法14条）。

2　略式引渡し

　略式の犯罪人引渡し（simplified extradition, extradition sommaire）とは、引渡しを求められている者の同意がある場合に正式の引渡手続によらないで、簡単な手続により迅速に引渡しを行う制度である。これは、あたかも正式裁判に対して略式裁判の制度があるのに似ている。

　正式の引渡手続によれば、逃亡犯罪人が仮拘禁されてから身柄引渡しまでに3カ月、時にはそれより長い期間がかかることがある。ヨーロッパ諸国の事例によれば、仮拘禁された者の70～80％が簡単な手続で早く請求国に引き渡されることに同意している、と伝えられている。仮拘禁から数日ないし10日以内ぐらいに略式引渡しがなされるとすれば、逃亡犯罪人にとっては、被請求国における無用な拘禁を回避することができる利点があることになる。

　19世紀の末葉以降、国際刑事司法協力に関する実務では、条約および国内法に明文規定がなくても、手続の促進および身柄拘束期間の短縮のために、略式引渡しが徐々に発達した。

　今日では、多くの条約および国内法が略式手続の制度を採用している。それによれば、引渡しを求められている者が裁判官による尋問に際して、正式の引渡手続によることなしに身柄を引き渡されることに同意し、その旨が裁判官の調書中に宣明されたときは、裁判所による引渡しの許容性の決定を経ないで行政府の決定をもって、その者を引き渡すことができる。

　略式手続において最も問題になるのは、略式引渡しにあっても正式引渡

しと同様な法的効力が生じるか、言いかえると、特定主義の効力が生じるか、である。スイス共助法54条3項は、明文をもってこれを肯定し、ドイツ共助法41条2項は、特定性の要件の遵守は放棄されないことがある旨を規定する。これに対し、オーストリア共助法では、特定主義は適用されないと解されている。スイス共助法54条3項のような明文規定のないところでは、逃亡犯罪人の同意によって特定性の効力も放棄されると、一般に解されているようである。

　これは、必ずしも不当な解釈ではない。多くの場合、逃亡犯罪人がその国籍国（または居住地国）に引き渡されることを考えると、略式引渡しは、短い拘禁期間の後に身柄を引き渡されるので逃亡犯罪人の利益になり、かつ、その者の社会復帰に役立つ。なぜなら、特定主義がはたらく場合でも一定の保障期間が経過したとき、引き渡された者が出国した後、そこに戻って来たときなどには、特定性の効力が消滅するからである。

3　仮 拘 禁

〔1〕　意義と必要性

　仮拘禁（provisional arrest）とは、請求国が発した正式の引渡請求が被請求国の当局によって受理されるのを待つことなく、緊急の場合に逃亡犯罪人の身柄を拘束する制度をいう。

　この制度は、わが国ではあまり知られていないが、国際実務では重要な意義をもっている。なぜなら、高速度交通機関が発達している現在、逃亡犯罪人は、短期間のうちに現に逃亡中の国（A国）から別の国（B国）に移ってしまうことが、しばしばである。特に、EC域内におけるように移動の自由が認められているところでは、しかりである。そうなると、国際刑事警察機構を通じてなされた国際手配にもとづき、A国で逃亡犯罪人の所在を発見したとしても、請求国による正規の手続がなされるのを待っていては、逃亡犯罪人は、B国、さらに、C国へと移ってしまい、姿をくらますことになる蓋然性が高い。このような事情にかんがみるとき、仮拘禁

の制度が重要な意味をもってくる。

　仮拘禁は、緊急の場合に犯罪人引渡しの目的で請求することができる。ヨーロッパ諸国の実務では、ほとんどすべての引渡手続が、緊急なものとして開始されている。たとえば、スイスでは、1988年に外国から発せられた正式の引渡請求のうち95.6％は、それ以前に仮拘禁の請求がなされたものであった。

〔2〕　条約等に現れた仮拘禁

　多くの引渡条約や立法例が、仮拘禁に関する規定を設けている。条約のうち、代表的なものは、ヨーロッパ引渡条約16条（仮拘禁）である。

　諸条約における仮拘禁の規定について注目すべき点が、三つある。

(1)　仮拘禁の手続には、もっぱら被請求国の法令が適用されることである。これは、当然の事理を規定したものではあるが、現行犯の場合にとっては、重要な意味をもつ（後述参照）。

(2)　仮拘禁の請求を送付する方法として、(a) 外交経路、(b) 直接に郵便もしくは電信による方法、(c) 国際刑事警察機構（Interpol）を介する方法、またはその他文書の証跡を留めるすべての方法もしくは被請求国の承認するすべての方法、の三つが規定されている。これら三つの方法のうち、いずれかであればよいのであるが、実際に最もしばしば用いられているのは、Interpol を介する方法である。

(3)　仮拘禁の有効期間は、20日（フランス引渡法20条）、40日（ヨーロッパ条約）、45日（国連モデル条約9条）、60日（米国が最近締結した諸条約）などと、国内法や条約によって定められている。この期間内に正式の引渡請求が受理されれば、以後、法定の引渡手続に移行することになる。正式の引渡請求が受理されなかったときは、仮拘禁された者は釈放される。ただし、釈放後に正式の引渡請求が受理されたときは、再拘禁および引渡しは妨げられない。

〔3〕　わが国に仮拘禁を導入するにあたっての問題点

　仮拘禁の制度をわが国に導入することは、可能であろうか。

　最も問題となるのは、仮拘禁が憲法33条に規定する令状主義と相容れるかどうか、の点である。現在、仮拘禁を認めている多くの国では Interpol のルートによる国際逮捕手配書（いわゆる**赤手配書**）にもとづいて、仮拘禁を行っている。それらの国では、多くの場合、Interpol の国際手配にもとづいて仮拘禁を行うことができる旨の明文規定が設けられている（スイス共助法44条、ドイツ共助法16条1項など）。

　このような明文規定が設けられていない国の中には、フランス法における**ガルダ・ヴュー**（garde à vue）（警察留置、仮勾留）の制度でもって仮拘禁に代わる役割を果たさせている国もある。ガルダ・ヴューは、警察が被疑者または被告人でなくても捜査の必要のある者を、令状なしで一定の公的場所（通常は、警察の留置場）に留置する制度である。留置の期間は、フランスでは原則として24時間である（48時間まで延長可能）（新刑訴77条以下）。このガルダ・ヴューによる留置の期間内に請求国から仮拘禁の請求があったときは、犯罪人引渡しに関する国内法の定める手続が進められることになる。

　わが国では、憲法33条が現行犯の場合に限り、無令状逮捕を認めているにすぎないため、ガルダ・ヴューは、──その要件として規定されている場合は「現行犯」概念に該当しないので──これを採用することができない。そこで、わが国としては、外国からの仮拘禁（逃亡犯罪人引渡法23条）の請求を外交ルートに限ることなく、権限のある行政当局間（たとえば、司法省と司法省との間）で迅速かつ簡易な手続によって送付することができるようにする必要があろう。

　日本は、Interpol を介する国際手配としては、1989年1月、従来の方針を変更して青手配のみならず赤手配をも行うこととしたが（20頁参照）、この赤手配は、ごく限られた場合にのみ行われている。

　これは、国際警察協力における相互主義を考慮したためであるが、外国

にいる逃亡犯罪人の身柄拘束をなしうる場合が著しく限られるという結果を招来している。

4 物の引渡し

〔1〕 意義と沿革

物の引渡し(handing over of property, remise d'objet, Herausgabe von Gegenständen) とは、内国にある証拠物等を外国当局に引き渡すことを内容とする国際刑事司法共助である。これには、次の2種類がある。

(1) 物の付随的引渡し……これは、犯罪人引渡しに伴って行われる物の引渡しである。
(2) 物の独立的引渡し……これは、犯罪人引渡しに付随することなく、独立に行われる物の引渡しである。これが、本来の国際刑事司法共助としての物の引渡しのカテゴリーに属する。

物の付随的引渡しは、犯罪人引渡しに伴って行われるものであるので、犯罪人引渡しに関する条約や国内法に規定されている。なぜなら、逃亡犯罪人が外国の刑事手続に役立つ証拠物を所持することはしばしばであるので、人の引渡しに物の引渡しを伴わせることが行われるようになった。それを最初に規定したのは、1833年のベルギー犯罪人引渡法であった。その後、犯罪人引渡しと物の引渡しとの密接な結び付きが緩和され、それに伴って、物についての第三者の権利の尊重という考えが登場してきた。

第2次大戦後、物の引渡しの制度は、新たな発展の段階を迎えた。そこでは、物の付随的引渡しの場合が犯罪人引渡しに関する条約や国内法に規定され、物の独立的引渡しの場合が狭義の司法共助に関する条約や国内法に規定されるようになった。しかも、物の独立的引渡しの適用範囲を拡大する傾向が顕著に見受けられる。

〔2〕 犯罪人引渡条約に見られる物の引渡し

ヨーロッパ引渡条約は、物の付随的引渡しにつき次の規定を設けている。

第20条（物の引渡し）
　① 請求国の請求に基づき、被請求国は、自国の法令の許す範囲内で次に掲げる物を押収し、かつ、引き渡す。
　　a　証拠となるべき物、又は
　　b　犯罪行為から得た物であって、引渡しを求められている者が拘禁の時に所持したもの又は拘禁の後に発見されたもの
　② 本条第1項に掲げる物は、すでに承認された犯罪人引渡しが引渡しを求められている者の死亡又は逃亡のために行うことができないときでも、引き渡す。
　③ 本条1項に掲げる物を被請求国の領域内で押収し又は没収することができるときは、被請求国は、進行中の刑事手続のために、それらの物を一時保管し、又は返還の条件付きで引き渡すことができる。
　④ 前数項の規定にかかわらず、被請求国又は第三者がこれらの物について得た権利は、留保される。これらの権利が存在するときは、訴訟が終了した後、できる限り速やかに、かつ無償で被請求国に返還する。

　ここでは、引渡しの対象物は、(a) 証拠となるべき物、および(b) 犯罪行為から得た物である。後者については、拘禁の時に逃亡犯罪人が所持した物のみならず、拘禁の後に発見された物も含まれるとしたことが、注目される。被請求国は、これらの物を差し押さえ、かつ、請求国に引き渡す。請求国から犯罪人引渡しの請求に併せてこれについての請求があったときは、被請求国は、自国の法令の許す範囲内で、この請求を応諾する。

第5節　保安処分の執行のための犯罪人引渡し

1　はじめに

　保安処分の執行のための犯罪人引渡しということがあるのだろうか。これは、わが国では、従来、ほとんど意識されることのなかった問題点であ

る。それは、おそらく、わが国に保安処分が導入されていないためでもあろうが、そもそも、わが国で犯罪人引渡しが、ごくわずかの件数しか行われていないことによるであろう。

わが国の改正刑法草案（1974年）は、保安処分として治療処分（98条）と禁絶処分（101条）の2種類を規定している。法務省刑事局案は、この草案とは異なる要件の下に「治療処分」を導入する内容のものとなっている。この「治療処分」が学問上の保安処分にあたることは間違いない。ヨーロッパ、中南米などの諸国では、すでに保安処分が実施されており、そのため、保安処分を執行するための犯罪人引渡しは、現実の課題となっている。そこで、保安処分が犯罪人引渡しとの関係でどのような問題をかかえているか、を考えて見ることにしたい。

2 条約に現れた諸規定

保安処分の執行のための犯罪人引渡しは、すでにいくつもの引渡条約に規定されている。

最初にこれを規定したのは、1942年の独伊犯罪人引渡し及び刑事司法共助条約1条2項であるように思われる。当時、すでにドイツもイタリアも保安処分を採用していたので、保安処分の執行のための犯罪人引渡しが現実の課題となったのであろう。

注目すべきは、1951年11月29日の仏＝西独引渡条約1条である。当時（そして、現在も）、フランスには固有の意味での保安処分は存在しないのに、「保安処分」の執行のための犯罪人引渡しが規定されている。同条約21条によれば、この条約において「保安処分」(Maßregel der Sicherung, mesures de sûreté) とは、刑罰と並んで、または刑罰に代えて刑事裁判所によって言い渡されたすべての自由剥奪処分をいい、これには少年に対する教育処分（わが国でいう保護処分）も含まれる。つまり、同条約にいう「保安処分」は、自由剥奪を伴う（学問上の）保安処分と保護処分とを包含する広義のものである。同条約は、ヨーロッパ引渡条約の基礎となったものであって、

重要な意義をもっている。

　ヨーロッパ引渡条約1条は、訴追のための引渡しと並んで、刑罰または保安処分の執行のための引渡しを規定している。同条約25条は、次のとおり「保安処分」(mesures de sûreté, detention order) の定義をしている。

第25条（「保安処分」の定義）
　　本条約において、「保安処分」という表現は、刑事裁判所によって刑罰を補充し、又はこれに代替するものとして言い渡された、すべての自由剥奪処分を意味する。

　この定義規定は、仏＝西独引渡条約21条の規定を範としたもののようである。そうだとすれば、自由剥奪を伴う保護処分も、概念的には本条約にいう「保安処分」に含まれることになる。

　引渡しが可能とされる保安処分は、4月以上のものであることを要する（2条1項）。「4月以上」というのは、普通、最低期間または法定期間を指すであろう。不定期の場合も、これに含まれるであろう。

　1962年のベネルックス引渡共助条約は、3月以上の保安処分の引渡しを規定するとともに（2条1項）、ヨーロッパ引渡条約25条にならった「保安処分」の定義規定（47条）を設けている。

　これによると、1951年の仏＝西独引渡条約21条の定義規定が、以後に締結された諸条約においてそのまま引き継がれていることになる。1978年6月20日の米＝西独引渡条約32条b号も、同様の定義規定を設けている。もともと、コモン・ローの国には「保安処分」の概念は存在しないのであるが、引渡条約では、大陸法系の国の制度に配慮して、その実体に即した弾力的定義がなされている。このように、米＝西独引渡条約が基本的にヨーロッパ引渡条約にならっている点は、注目されるところである。

3　犯罪人引渡しの基本原則との関係

〔1〕　双方可罰主義

　伝統的な犯罪人引渡法は、双罰主義を基本原則の一つとしている。それ

らの諸原則は、19世紀に発達したものであって、当時、保安処分は実施されていなかった。そこで、保安処分の執行のための引渡しにあっても、双罰主義が妥当するか、言いかえると、引渡請求に係る犯罪が被請求国においても保安処分を言い渡すことのできる犯罪（仮に「**保安処分犯罪**」という）とされていることを要するか、が問題となる。

　立法例では、保安処分犯罪の範囲は、一般にかなり広く定められている。たとえば、ドイツでは、精神病院収容処分（刑法63条）の要件としては、犯した違法行為の重さおよび被害法益の重さは問題ではなく、イタリアでは、司法精神病院収容処分の要件としては、2年を超える懲役にあたる罪を犯したことで足り（刑法222条）、オーストリアでは、精神障害犯罪者施設への収容については、1年を超える自由刑を犯したことが要件とされているにとどまる（刑法21条）。したがって、保安処分につき、抽象的双罰性を要件としても、実際に問題が生じることはないであろう。

　執行されるべき保安処分が両国の法律により設けられていることは、必要ではない。

　困難な問題を提供するのは、保安処分の執行のための引渡しにあっても**具体的双罰性が必要とされるか**、である。もともと、「保安処分の執行のため」という文言は、広義で用いられている。それには、(1) 保安処分手続の対象となる逃亡被訴追者（被疑者と被告人とを含む）に係る場合と、(2) 保安処分の言渡しが確定したのに未収容のまま逃亡した者および収容中に逃亡した者に係る場合である。狭義では、(2)の場合のみを指す。

　上記(1)の場合（保安処分手続の対象者に係る場合）に逃亡犯罪人が責任無能力者であることが判明しているときには、責任無能力者に対して刑罰を補充するものとして保安処分に付するという制度の目的に照らして具体的双罰性は必要でない、と解される。

　それでは、時効、親告罪における告訴などについても、具体的双罰性は必要とされるか。言いかえると、被請求国の法律によれば、すでに公訴の時効が完成しているときとか、親告罪における告訴が必要であるのに、請

求国の法律では非親告罪とされているときなどには、具体的双罰性が欠けるものとして引渡しの請求を拒絶すべきことになるであろうか。

　理論的には、保安処分の執行のための引渡しにあっては、公訴の時効の不完成、親告罪における告訴の存在というような訴訟条件を具備することは必要でないように思われる。しかし、立法政策としてそれを要求するかどうかは、別個の問題である。この点については、近時、刑事訴追または刑の執行のための引渡しにあっても、時効、親告罪における告訴などの問題は具体的双罰性を考えるについて除外すべきだ、とする有力な見解が登場していることと併せて検討すべきであろう。

〔2〕　特　定　主　義

　ヨーロッパ引渡条約14条は、特定主義が刑罰のみならず保安処分についても同様に妥当することを、明文をもって規定している。それゆえ、たとえば、強盗を理由として引渡しを受けておきながら、被請求国の同意を得ないで、殺人を理由として保安処分の言渡しをすることは許されない。それでは、たとえば、放火罪を理由として刑事訴追をするために引渡しを受けた後、同じ罪を理由として、(a) 刑罰に代えて保安処分を言い渡すこと（代替）、または(b) 刑罰に併せて保安処分に付すること（併科）は、特定主義に違反しないであろうか。まず、代替（上記(a)の場合）については、問題がないであろう。併科（上記(b)の場合）は、限定責任能力者についてなされるのであるが、この場合、保安処分が刑罰を補充するものとして併科されることを考えれば、特定主義に違反するとは考えられない。

〔3〕　自国民不引渡しの原則

　この原則に対しては、つとに強い批判が向けられている（117頁以下）。近時、この原則の修正・緩和を図る国際的動向が顕著である。ヨーロッパ引渡条約は、自国民の引渡しを拒否する権限を締約国に与えた（6条1項）。この規定は、保安処分の執行のための引渡しについても適用される。

第2章　狭義の国際刑事司法共助

第1節　司法共助の意義、内容および要件

1　意　義

　狭義の司法共助は、普通、「小さな司法共助」と呼ばれている。ところが、スイス共助法第3編およびドイツ共助法第5章では、「その他の司法共助」(sonstige Rechtshilfe, andere Rechtshilfe, autres actes d'entraide) と呼ばれている。もともと、1929年のドイツ犯罪人引渡法（DAG）が狭義の司法共助を「その他の刑事司法共助」として規定した（第3章）のは、狭義の司法共助がまだ重要な役割を認められるに至っておらず、犯罪人引渡しこそが重要な意味をもつ国際刑事司法共助と考えられたからであろう。こうした伝統的な考え方が、スイス共助法やドイツ共助法に反映している。つまり、戦後新しく制定された両国の国際刑事司法共助法は、——オーストリア共助法と同様に——犯罪人引渡しのみならず、外国刑事判決の執行などの、新しい形態の司法共助をも扱っているのであるが、狭義の司法共助は、「その他の司法共助」として規定されているのである。これによれば、学説上、一般に「狭義の司法共助」と呼ばれているものが、法律上、「その他の司法共助」として規定されていることになる。

2　司法共助の内容

〔1〕　共助の範囲の拡大傾向

　狭義の司法共助は、具体的には証人および鑑定人の尋問、物の引渡し、検証、文書の送達、情報の提供など、刑事手続に関する一連の司法共助を

意味する。しかし、その範囲については、かなりの幅がある。それは、犯罪人引渡しの場合とは異なり、司法共助の内容が多岐にわたり、かつ、法系および国によって司法組織や刑事手続がさまざまであることによるであろう。したがって、司法共助の内容と範囲を明確に定めることは、とうてい不可能である。要するに、国際司法共助をできる限り広い範囲で行おうとするかどうかによって、違いが出てくるのである。そして、今や犯罪防止をめざす国際連帯性の強化の方向は、ヨーロッパ司法共助条約に見られるように、できる限り広い範囲の司法共助を行うことを要請している。そこには、司法共助は犯人等にとって有利な証拠の収集に役立つことがある、という考えが根底にある。

〔2〕 条約における司法共助の内容

1959年のヨーロッパ共助条約は、共助の内容として、次の4種類を規定している。

(1) 嘱託書ないし嘱託司法事務（第2章）
(2) 訴訟書類および裁判書の送達
(3) 証人、鑑定人および被訴追者の召喚（第3章）
(4) 犯罪人名簿の抄本およびそれに関する情報の提供と通知（第4章）

ここにいう**嘱託書** (letters rogatory, commissions rogatoires) とは、ある国の司法当局から外国の司法当局に宛てて発せられた委嘱状（mandat）であって、その委嘱状によって特定された行為を外国においてする効力を付与するものをいう。

本条約3条は、嘱託書の定義を定めることなく、特別の制限を付さないで、証拠の収集および証拠物、記録または書類の送達を嘱託事務の対象として掲げている。ここにいわゆる証拠の収集 (procuring evidence) には、特に証人、鑑定人および被訴追者の尋問、勾引ならびに捜査および差押えなどの強制処分によって証拠を収集する場合も含まれる。

ヨーロッパ共助条約における司法共助の内容は、最近における他の刑事

司法共助条約にあっても、ほぼ同じである。多様な共助の内容を条文で明記することは困難であるので、「できる限り広い範囲で」司法共助を相互に行うべきことを明文で規定する条約もある。そのような文言が挿入されていない条約にあっても、司法共助は最も広い範囲で行われるのであり、疑わしい場合には締約国は司法共助を行うべきものと解されている。

3　司法共助の要件

司法共助は、共助の請求（要請）[1]（request）がなされる時に請求国の司法当局が処罰の権限を有する犯罪に関して行われる。

ここにいう「司法当局」（judicial authorities）は、国によって裁判官のみならず、検察官等を含むことのある広い概念である。「処罰の権限を有する犯罪」とは、その訴追または処罰につき司法当局が管轄権を有する犯罪をいう。

「犯罪」（offences）とは、重罪、軽罪および違警罪（わが国の軽犯罪にあたる）のみならず、ドイツ法にいう秩序違反（Ordnungswidrigkeit）も含めた広い概念である。秩序違反というのは、刑事犯罪とはみなされないが、行政当局がこれに秩序違反金（Geldbuße）を科することができ、他方、違反者がこれに対して通常裁判所の裁判を求めることのできるものをいう。秩序違反をも「犯罪」に含めるのは、できる限り広い範囲で司法共助を行おうとする趣旨に由来する。

司法共助にあっては、**共助犯罪**（司法共助を行うことのできる犯罪）を定めるにつき、犯罪人引渡条約に見られるように、一定の重大な犯罪に限ることをしない。それは、司法共助が事案の真相を明らかにするものであって、犯人の無実を証明する場合などのように、犯人にとって利益をもたら

---

[1]　わが国の現行法では、"request" は、次のように3通りに訳されている。すなわち、「外国裁判所ノ嘱託ニ因ル共助法」（明治38法63号）では、「嘱託」が、逃亡犯罪人引渡法（昭和28法69号）では「請求」が、国際捜査共助法（昭和55法69号）では「要請」が、それぞれ用いられている。

すことのある制度であることに由来する。こうして**引渡原則からの共助原則の分離**ということが言われる。

最近の条約、国際協定等にあっては、司法共助を行う場合を拡大する傾向が認められる。たとえば、恩赦または再審の手続、無罪が確定した者に対する刑事補償の手続、刑の執行猶予、仮釈放等の場合にも共助が行われることを明記したものが見られる。

第2節　国際刑事司法共助に関する大陸法と英米法との差異

1　考え方の違い

狭義の国際刑事司法共助に関しては、大陸法（continental law, civil law）系の国と英米法（Anglo-American law, common law）系の国との間に基本的な違いがある、と言われる。

まず、言葉の問題であるが、英米の文献は、大陸法のことを一般に「シヴィル・ロー」（civil law）と呼び、英米法のことを「コモン・ロー」（common law）と呼んでいる。ここで「シヴィル・ロー」というのは、ローマ法およびゲルマン法系の法を指すようである。しかし、「シヴィル・ロー」という表現は、わが国では親しまれていないし、他方では、教会法（canon law）に対する世俗法を意味することがあり、また、民法の意味で用いられることもあるので、本書では、なるべくこれを避けて「大陸法」という表現を用いることにする。

さて、大陸法系の国の裁判所は、真実の発見を究極の目的とするのに対し、英米法系の国の裁判所は、訴追者と被告人との間の争点を解決することを目的とする。両法系の国において国際刑事司法共助に関する考えの違いが存在するのは、ここに根本的理由がある。

大陸法系の国では、外国に対して司法共助を期待するのは、訴訟を通じて、正義を実現する責務と権限をもつ国の機関である裁判所が、国の作用

である司法行為を行うにあたって、それが必要とされるからである。すなわち、大陸法は、国際司法共助を、「国の機関を通じて、国の機関による、国の機関のための補助行為」と見ている。これに対し、英米法系の国においては、外国に対して司法共助を期待するのは、個人が訴訟法上および実体法上の自己の権利を擁護し、確保するためにそれを必要とするからである。したがって、司法共助とは先ずもって、当該個人が自国の訴訟法上の制約に服しつつ、その必要とする限度においてする行為が他国に及ぶことがあっても、他国がこれを承認するという関係でなければならない、と理解されている。

言いかえると、国際司法共助は、大陸法にあっては、官憲主義的な性格をもつものとして捉えられているのに対し、英米法では当事者主義的な性格をもつものとして捉えられていることになる。

2 積極的司法共助と消極的司法共助

米国の文献によれば、外国の訴訟行為の遂行のために米国によってなされる協力には、積極的な性質のものと消極的な性質のものとがある。米国の官憲が外国の訴訟行為に協力することを求められている活動にたずさわるときには、「積極的」と言われる。これに対し、米国の官憲の資格をもたない人による外国の訴訟活動の遂行についてなんらの異議も提出されないときに、「消極的」と言われる。前者は**積極的司法共助**（active judicial assistance）と呼ばれ、後者は、**消極的司法共助**（passive judicial assistance）と呼ばれる。両者の意義を知ることは、米連邦法における司法共助の制度を理解する上で大切である。

合衆国法典（U. S. Code）第28編（司法法典 Judicial Code）第1696条（外国手続及び国際手続における送達）、第1781条（嘱託書その他の請求の送付）および第1782条（外国司法機関及び国際司法機関並びにそれらの訴訟関係人への共助）は、それぞれこの2種類の司法共助を規定している。

これら3カ条は、いずれも、そのa項において積極的司法共助の方式を

規定し、そのb項において消極的司法共助の方式を規定している。たとえば、第1782条b項によれば、合衆国に現在する者は、その同意する方法により、かつ、裁判所の指名する者以外の者の面前で任意に証言もしくは供述をし、または文書その他の物を提供することを妨げられない。

　大陸法系の考え方からすると、消極的司法共助の概念は奇異に感じられるかもしれない。なぜなら、嘱託書の法的性質を、自国の裁判所が有する司法上の権限を他国の裁判所に授与するもの、と理解しているからである。大陸法系の国は、国際司法共助の理論的根拠をいわゆる「長い手の裁判権」(long arm jurisdiction)の観念に求めた。この立場からすれば、国際司法共助は、いわゆる積極的司法共助の場合に限られることになる。

　しかし、英米法系の国における考えは、上述したように、これとは大いに異なるものであり、むしろ消極的司法共助を基本とするものである。それは、英米法系の国が嘱託書による司法共助に親しんでいなかったことのほか、基本的には民事司法共助の方式と手続を刑事司法共助にも適用しようとしたことによるであろう。米国の考えによれば、消極的司法共助といわれる自由な方法は、なんら主権を侵害するものではない。

3　外国法の適用

　被請求国における受託事項の実施、特に積極的司法共助の行為は、被請求国の法令に従って実施される。つまり、被請求国の法令が、準拠法とされる。ここでは、「場所は行為を支配する」(Locus regit actum.)の原則が妥当するのである。この立場は、今日、世界的に認められており、現行の諸条約や立法例で採用されている。

　ところで、「場所は行為を支配する」の原則に従って法廷地法を適用することは、絶対的なものであろうか。もし、この原則を厳格に適用するとすれば、共助によって取得された証拠の証拠能力が請求国法によって認められないことが生じうる。請求国法と被請求国法との間に差異があるからである。この差異は、大陸法系の法制と英米法系の法制との間では大きい。

そのため、これら二つの法系に属する国相互間における司法共助にあっては、その成果を期待しえないことがありうる。この矛盾を解決するのが、外国法の適用（application of foreign law）である。つまり、被請求国法をもって受託事項の実施の準拠法としながらも、被請求国法と抵触しない限り、請求国法の適用を認めることである。

たとえば、請求国から明示の要請があったとき、請求国の現行の手続法に定める時期および方式に従い、被請求国で証人に宣誓させて証言させるのが、それである。

最近では、司法共助の実施について外国法の適用を認める条約や立法例が、しだいに増える傾向にある。1973年5月25日の米国＝スイス刑事司法共助条約は、国際司法共助に関する英米法と大陸法との差異を縮めることを試みた典型的条約であるが、外国法の適用について詳細かつ体系的な規定を設けることにより、米法とスイス法との調和を最大限に図ろうとした点で、注目される[2]。

第3節　国際刑事司法共助の基本原則

1　相互主義

狭義の司法共助にあっては、原則として相互主義を放棄すべきことが説かれている。この見解の根底には、(a)国際司法共助はできる限り広い範囲で行うべきであり、また、(b)司法共助によって犯人等に有利な証拠が得られることがある、という考えがあるように思われる。

犯罪人引渡しにあっては、相互主義が――緩められているとはいえ――採用されている。それは、犯罪人引渡しが犯人の訴追・処罰を目的として行われるものだからである。しかし、狭義の司法共助は、犯罪人引渡しとはその制度の目的において異なっている。それゆえ、犯罪人引渡しについ

---

2)　森下・司法共助の理論259頁以下。

て認められる相互主義の形式的解釈を司法共助に持ち込むべきでない、という有力な見解が唱えられている。

2 双方可罰主義

　司法共助にあっては、双方可罰性（**双罰性**）は、原則として要求されない。したがって、双方可罰主義（**双罰主義**）は、原則として否定される。これは、近時、多くの学説によって支持されているところである。

　古い諸条約の中には双罰主義を採用しているものもあるが、今日では、被請求国の法令によって犯罪行為とされていないときでも司法共助を認めるというのが、一般である。司法共助は、犯人または手続関係人の利益のためにも行われることがあるからであろう。この点で、司法共助は、犯人の訴追と処罰を目的とする犯罪人引渡しとは異なり、独自性を有する国際刑事司法協力である。ここでも、**犯罪人引渡原則からの司法共助原則の分離**が認められる。

　ヨーロッパ共助条約も、原則として双罰性を要求していない。ここで「原則として」と言ったのは、捜索、差押え等の強制処分については、締約国は双罰主義の要件の下で共助を行う権利を留保することができる、とされているからである（条約5条a号）。この規定は、ある締約国が強制処分を行うについて自国法におけるよりもゆるやかな要件を外国の手続のために認めることはできない、という考えに基づいている。

3 一事不再理の原則

　ヨーロッパ共助条約には、一事不再理の原則を取り入れた規定は存在しない。それは、一事不再理の原則に触れないことを被請求国において確認する労を省いたとしても、司法共助の場合には、さほどの不都合は生じない、と考えられるからである。というのは、一事不再理の原則は、今日、すべての文明国において確認された原則だからである。

　もっとも、この条約においても、締約国は、一事不再理の原則を適用す

る旨の留保をすることができる (23条)。現に、若干の国は、その旨の留保をしている。ここで注意すべきは、それらの留保は、いずれも任意的拒絶事由に関するものであることである。したがって、犯人の利益のための共助、たとえば、犯人の防御権を保障するための共助、特に無罪を立証するための共助の場合には、留保にもとづく拒絶は行われないことになろう。仮に、司法共助の場合に一事不再理の原則を形式的に取り入れて、確定判決があるときには共助をしないとすれば、再審要件に係る司法共助は、すべて門を閉ざされることになる。《ne bis in idem》の原則は、司法共助にあっては、任意的拒絶事由として規定するにとどめるべきであろう。

4 特定主義

〔1〕 意 義

特定主義は、犯罪人引渡しについて発達してきた。それでは、同様に特定主義は、刑事司法共助についても妥当するであろうか。

司法共助における特定主義とは、司法共助によって取得された情報（証拠を含む）はその共助が許諾された手続に関してのみ請求国においてこれを使用することができる、という原則である。この原則は、スイスが司法共助の領域でこれを採用する唯一の国として、20世紀初頭のころから明確に主張してきたものである。

もともと、**司法共助における特定主義**は、犯罪人引渡しにおける特定主義として19世紀に発達したところを司法共助に類推的に適用したものである。今日では、司法共助における特定主義は、ドイツ法系の国をはじめとして、大陸法系の西ヨーロッパ諸国でほぼ共通的に承認されているように見える。

スイスが他国に先駆けて特定主義を強調するようになったのは、次のような事情があったからである。

1929年にニューヨークで起こった経済恐慌は、世界的パニックにまで発展した。各国は、自国の経済的利益を保護するために、相次いで経済的保

護主義立法を行った。それらの多数の立法が設けた諸制限は、それを免れるための多数の文書偽造、偽造文書の行使、詐欺などの犯罪を生んだ。ところが、これらの犯罪に関する国際司法共助は、その運用面で困難に遭遇した。そのような共助は、請求国の利益になるが、反対に被請求国の利益を害することがあったからである。特にスイスのように上述の経済的保護立法をする必要のない国にとっては、司法共助の実施は、自国の経済的利益と両立しがたいものであった。このジレンマを解決するために、犯罪人引渡しにおける基本原則の一つである特定主義を司法共助に類推的に適用することが図られた。

　この原則によれば、請求国によって求められている証拠ないし情報は、共助義務のある犯罪以外の犯罪について被疑者を取り調べ、その者およびその他の者を訴追し、または処罰するために使用されてはならない、という明示の条件付きで送付されることがある。**請求国はこの条件を遵守すべき義務を負うので**、被請求国は、国際法上の共助義務を履行するとともに上記のジレンマを回避することができる。

〔2〕　ヨーロッパ刑事司法共助条約
　ヨーロッパ共助条約には、特定主義に関する明文規定は存在しない。この条約は、共助の排除される犯罪（たとえば、軍事犯罪、財政犯罪）を同時に構成する普通法の犯罪について請求国の当局がある者を訴追しようとする場合に、被請求国はどの範囲で共助の義務を負うか、を定めていない。そこで、このような場合、被請求国はどのような態度をとるべきかが、問題になるわけである。スイスの見解によれば、特定主義は司法共助にあっても一般的に妥当するので、このような場合には、被請求国は外国の請求に応じなければならない。被請求国は、自国の領域内で行われた証拠収集の結果が自国の承認した目的以外の目的のために利用されないように、共助の請求を応諾するときに必要な留保を付することで満足しなければならないのである。

この見地から、スイスは、ヨーロッパ共助条約につき、「特別の場合には、スイスで行われた証拠収集の効果及び送付される書類又は記録に含まれる情報が共助の提供に係る犯罪を捜査し、かつ審理するために限って用いられるという明示の条件の下でのみ、この条約による司法共助を許諾する権利」を留保している。この留保によれば、たとえば、軍事犯罪と普通犯罪とを同時に構成する罪を犯した者の証人尋問をスイスに請求した場合、スイスは「証人尋問によって得られた成果を普通犯罪についてのみ使用してよい」という条件を被請求国に対して付することができる。

この留保は、半世紀も前から特定主義の考えに親しんできたスイスが、条約の運用上、問題を残さないため、明確を期して条件を付することとしたものである。スイス以外の国は、同趣旨の留保をしていないが、この種の条件を付することはできる。

〔3〕 条件の遵守

司法共助に際し、証拠の使用について条件を付することは、つとに 1920 年代のころからしばしば行われていた。1929 年のドイツ犯罪人引渡法（DAG）は、次の規定を設けた。

第 54 条（外国が付した条件の遵守）

外国政府が刑事司法共助の許諾にあたり、司法共助の〔成果の〕使用について条件を付したときは、この条件は、内国の手続において遵守しなければならない。

第 2 次大戦後、これと同様な規定を設ける立法例が見受けられる。その代表的なものを次に掲げる。

オーストリア共助法（ARHG）

第 4 条（条 件）

他国が犯罪人引渡し、通過護送、物の引渡しもしくは司法共助の許諾に際し、又は訴追、保護観察もしくは裁判の執行の移管に関連して付した条件であって、撤回されなかったものは、遵守し

なければならない。
スイス共助法（IRSG, EIMP）
　第67条（情報の使用）
　　① 司法共助によって得た情報は、請求国において、司法共助が排除される犯罪に関する刑事手続において、捜査のために使用することも、証拠として提出することもできない。その他の使用については、〔司法省〕警察局の同意を必要とする。
ドイツ共助法（IRG）
　第72条（条　件）
　　被請求国が司法共助に付した条件は、遵守しなければならない。

　これらの規定は、その文言において異なってはいるが、その趣旨として同じ内容を盛り込んだものと解される。すなわち、広義の国際刑事司法共助にあっては、共助の許諾にあたり被請求国が条件を付することはありうる。その条件が請求国の法秩序または準拠すべき条約と相容れないときは、請求国は、これを拒絶することができる。しかし、しかるべき期間内に拒絶しないときは、請求国は、付された条件を国内で遵守しなければならない。このことは、つとに国際法から導き出された原則である、というのである。

　このように、被請求国によって付された条件を遵守することは、**国際法から導き出される原則**であるので、上記の立法例に見られるような明文規定をもたない国（たとえば、日本）についても、当然に妥当する。これは、わが国ではあまり知られていないが、重要な意義をもつ事柄である。

　1973年の米国＝スイス共助条約は、次のように司法共助における特定主義を掲げている。

　第5条（情報使用の制限）
　　① この条約に基づいて請求国が被請求国から得た証言、供述、書類、記録、証拠物又はその他の物及びそれらに含まれる情報は、

請求国においては、司法共助が許諾された犯罪以外の犯罪に関する手続において、これを捜査のために使用し、又は証拠として提出することができない。

この規定は、特定主義の考えに親しんでいないコモン・ロー国の法律家に対し、証拠の使用制限義務を明示したものである。

第4節 安全行動と刑事免責

1 安全行動

〔1〕 意 義

国際刑事司法共助には、安全行動と訳すことのできる制度がある。この制度は、ヨーロッパ司法共助条約に見られるように、「刑事免責」とも呼ばれている。

安全行動の語源は、salvus conductus（ラテン語）、safe conduct（英語）、sauf conduit（フランス語）、sicheres Geleit（ドイツ語）である。これを直訳すれば、「安全行動」となるであろう。このほか、ドイツ語では、"freies Geleit"という言葉が、しばしば用いられている。この語を直訳すれば「自由案内」とか、「自由同伴」となるであろう。本書では、内容に即して「安全行動」と訳すことにした。

安全行動とは、請求国の司法当局から召喚を受けて任意でその司法当局に出頭すべく請求国におもむく証人、鑑定人らは、請求国において安全行動を保障されることをいう。ここでいう**安全な行動**とは、証人らが被請求国の領域から出発する前にした行為または言渡しを受けた有罪判決を理由として、請求国の領域内で訴追されることも拘禁されることもなく、また、その他いかなる自由の制限にも服しないことをいう。

交通機関や通信手段があまり発達していなかった時代には、請求国の当局におもむくこと自体の安全を保障してもらうことの必要性が大きかった。時には、文字どおり同伴者または護衛者が付くこともあったであろう。し

かし、航空機、列車、電車等の高速度交通機関が発達した今日では、請求国の司法当局におもむくこと自体の安全ではなくて、請求国に入国した後における安全の保障、すなわち、逮捕・訴追・処罰されないことの保証に重要な意味が認められるであろう。

なお、「安全行動」の保障は、海上における行動についても、陸上におけると同様、認められている。

〔2〕 沿　革

今日行われている安全行動の制度は、すでに12世紀に北欧およびオランダで行われていた、と言われる。この制度は、遅くとも14世紀にはドイツの刑事手続に取り入れられた。そして、16世紀までは、被疑者および被告人についてのみならず、有罪判決を受けた者についても、この制度は適用されていた。

これらの制度は、証人や鑑定人に対する安全行動を主たる内容とする今日の制度とは、根本的に異なるものをもっている。しかし、その差異は、最近、**被拘禁者の一時移送**ないし**被拘禁者の貸与**という制度の創設によって埋められることになった。たとえば、イタリアの刑事施設に拘禁されているマフィアの親分を米国における米国マフィア裁判の証人として出廷してもらうため、一時的にイタリアから米国に移送することが、現に行われている。その場合、米国に移送された被拘禁者は、彼が移送される前に米国で犯した罪を理由として訴追・処罰されることも、その他いかなる自由の制限にも服しない。

国際司法共助における安全行動が条約で規定されるようになったのは、犯罪人引渡しにおける特定主義が条約で最初に規定された年（1834年）よりも、30年ほど後のことである。19世紀には、一般に狭義の司法共助は、犯罪人引渡条約の中に収められた数カ条によって規律されている。

20世紀に入ると、安全行動の保障は、証人のみならず、鑑定人にまで拡大された。

2 ヨーロッパ司法共助条約における刑事免責

ヨーロッパ共助条約12条は、**刑事免責**（immunity, immunité）とも呼ばれている安全行動について整備された規定を設けている。同条は、司法共助における安全行動に関するモデル規定とも言うべきものである。ここでは、証人と鑑定人について認められる安全行動を被訴追者（被疑者および被告人の総称）にまで拡大していること（2項）が、注目される。

第12条（刑事免責）
① 召喚を受けて請求国の司法当局に出頭する証人又は鑑定人は、国籍のいかんを問わず、被請求国の領域から出発する前にした行為又は言渡しを受けた有罪判決について、請求国の領域内で訴追されることも拘禁されることもなく、また、その他いかなる自由の制限にも服しない。
② 自己に対する訴追の対象とされている行為について供述するため、請求国の司法当局に召喚された者は、その国籍のいかんを問わず、被請求国の領域から出発する前にした行為又は言渡しを受けた有罪判決であって、その召喚の事由とされていないものについて、請求国の領域内で訴追されることも拘禁されることもなく、また、その他いかなる自由の制限にも服しない。
③ 本条に規定する刑事免責は、証人、鑑定人又は被訴追者が、司法当局からその滞在をもはや要求されなくなって後、引き続き15日間、請求国の領域を離れることが可能であったにもかかわらず、そこに留まったとき、又は請求国の領域を離れてそこに戻って来たときは、終止する。

ここで、大切なことは「**召喚**」（summon, citation）は出頭要請の意味しか持たないことである。請求国は、被請求国にいる者に対して出頭義務を負わせることはできないからである。本来、証人と鑑定人は、請求国に入国

しない完全な自由を享有する。このことは、国際慣行となっている。それゆえ、請求国の出頭要請に応じた証人等が、共助の請求に係る事件以外であって被請求国から出国する以前に犯した罪により、訴追・処罰されることもなく、自由の制限を課せられることもないというのが、安全行動の保障の内容である。この保障を破るとすれば、証人・鑑定人としての召喚は、実質的には犯罪人引渡しと同じ結果を招来することになる。それは、被請求国の主権を侵害する行為とも言うべきものであり、同時に証人等に対する重大な人権侵害でもある。狭義の司法共助における安全行動も特定主義の一適用にほかならないと言われるのは、このゆえである。

ヨーロッパ共助条約は、その後に締結された2国間または多国間の刑事司法共助条約に決定的な影響を及ぼした。1990年、第8回国連犯罪防止会議で採択された「刑事司法共助模範条約」(Model Treaty on Mutual Assistance in Criminal Matters) 15条も、"Safe conduct" の見出しの下にヨーロッパ共助条約12条とほぼ同様な規定を設けている[3]。

---

3) 模範条約15条に付せられた注 (86) は、「若干の国にとっては困難が生ずることもあるので、追加又は修正を含めて、本条の正確な内容を二国間の交渉で定めることができる。」と言っている。

第3章　外国刑事判決の執行

第1節　意義と沿革

1 言葉の意義

外国刑事判決の執行（execution of foreign criminal judgment）とは、外国で確定した刑事判決を内国で執行することをいう。

ここにいう「判決」（judgment）は、裁判（または行政的決定）によって終局的に科せられた刑事制裁のことである。その代表的なものは、自由刑と金銭刑[1]である。保安処分および保護処分も、これに含まれる。

保護観察については、見解が分かれている。外国の学説の中には、**保護観察の移管**（transfer of supervision）——外国の司法当局により、または法律にもとづいて付せられた保護観察を内国に移管して内国で実施すること——を外国刑事判決の執行とは独立のカテゴリーに含める少数説がある。しかし、宣告猶予または執行猶予に付せられた保護観察の実施は、独立処分として言い渡された保護観察の実施と同様に、外国刑事判決の執行に含まれる。仮釈放に付随する保護観察の場合は、自由剥奪を伴う刑事制裁が裁判所によって言い渡されており、かつ、法律にもとづき仮釈放に保護観察が付随しているのであるから、この保護観察の移管も外国判決の執行というカテゴリーに含めて差し支えない。

没収、追徴、さらに資格制限も、条約等によって外国判決の執行の対象

1） 金銭刑とは、金銭の剥奪を内容とする刑罰（罰金、科料等）をいう。外国では、「金銭刑」（peine pécuniaire）という表現が一般的に用いられている。

となることがある。たとえば、ドイツでは、共助法（IRG）49条4項が「財産的利益の追徴命令又は物の没収命令の執行は、許されない」と規定している。しかし、国連の麻薬新条約（1988年のウィーン条約）が薬物の不正取引から生じた収益等を対象として外国の没収命令の執行を規定しているので（5条4項）、国内法を整備して外国の没収命令の（内国における）執行を可能とした。

2　伝統的な考え方とその変遷

従来、刑法については、「刑法の国家性の原則」が、伝統的な基本原則とされてきた。刑罰権は、国家主権の発動の最も代表的な一場合であるからである。伝統的な国家主権の観念に固執する限り、外国刑事判決の執行ということは考えられない道理である。

第2次大戦前に外国刑事判決の執行を認める立法例は、1937年制定のスイス刑法（3条2項最終文および5条3項）を除いては、ほとんど見られなかった。それは、諸国家が「刑法の国家性の原則」に固執していたことのほか、現実問題として外国刑事判決の執行をする必要性に迫られていなかったことによるであろう。

しかし、第2次大戦後、国際社会の現実は、大きく変わった。人と物の国際交流の驚くべき発達は、国境を取り除くにも似た大きな政治的・社会的変革をもたらし、ひいては、国家主権の観念を大幅に緩めるに至った。その根底には、次の二つの事実がある。第1は、EC（ヨーロッパ共同体）またはヨーロッパ評議会のように諸国家の政治的・経済的統合を進める動きが、やがて構成国の間で法共同体の観念を生むに至ったことである。第2は、多くの国で外国人被拘禁者（foreign prisoners）の占める割合が増大した結果、それらの国で刑事施設における過剰拘禁が生じ、行刑運営上も予算上も過大な負担をせざるを得なくなったことである。

こうした背景の下に、外国刑事判決の執行という制度は、外国判決の国際的効力を広く認めようとする動きが高まるにつれて誕生した。かつては、

主権の制限ということが言われて、それに対する抵抗もあったが、外国判決の執行によって、主権についての考えが変わった。ドイツの学者によれば、外国判決の執行によって、裁判国は他国（執行国）にまで自国の主権を拡大するのだ、と考えるようになった。むしろ、主権の制限か拡大かという問題よりも、そこでは、犯罪者に対する共同の闘いが強化され、犯罪闘争における文明国の共同体という理念が生まれた。

3 歴史的考察

〔1〕 ライン河航行協定

外国刑事判決の執行力を内国で認めることは、古くは、1868年10月17日のライン河航行協定（Revidierte Rheinschiffahrtsakte）（マンハイム協定）に見られる。これによれば、ドイツ、フランス、オランダおよびスイスの締約国は、共通のライン河航行取締法規の違反につき、他の沿岸国のライン河航行裁判所が言い渡した罰金を徴収すべきこととされ（40条1項）、他国の裁判所の判決は、自国の裁判所の判決と同視すべきものとされた（同条2項）。この協定は、今日でも有効であって、現在、ベルギー、ドイツ、フランス、英国、オランダおよびスイスについて拘束力がある。

おそらく、ライン河沿岸国は、航行取締法規の違反について科せられた罰金を徴収することにつき、共通の利益と必要を認めたのであろう。ここでは、罰金に限ってではあるが、外国判決を内国判決と同視する旨の規定が設けられている点で、注目される。

〔2〕 第2次大戦後の発達

第2次大戦後、外国刑事判決の国際的効力をより広く認めようとする動きが、しだいに顕著になってきた。

(1) 国際条約

1949年の人身売買の処罰に関する国際条約は、内国で失権を言い渡すために外国判決が考慮されることを規定し、1961年の麻薬単一国際条約は、

麻薬事件に関する外国判決を累犯の認定に際して考慮すべきことを規定している（36条1項3号）。

(2) ベネルックス条約

ベネルックス3国（ベルギー、オランダ、ルクセンブルグ）は、国境を接している上、つとに社会的、政治的、経済的に高度に密接なつながりをもち、かつ、高い文化水準を維持している。この特殊な関係のゆえに、3国は、従来、刑事に関する各種の条約を締結することにより、一つの法共同体を形成するかのごとく、その結び付きを深めてきた。

1952年のベネルックス関税・消費税の協力条約は、締約国の裁判所で言い渡された罰金を、その犯罪の種類いかんを問わず、他の国で徴収することを定めていた。

この条約の立場をさらに推し進めて、1968年9月26日、「ベネルックス刑事判決執行条約」が締結された。この条約は、1970年のヨーロッパ刑事判決条約の作成に大きな貢献をした。「ベネルックスは、先駆者となった」と言われるゆえんである。

(3) 北欧の刑執行条約

1963年、北欧5カ国は、その中の1国で確定した自由刑と罰金の執行と並んで、執行猶予者に対する保護観察の実施を他国で担当することを定めた条約（1964年1月1日発効）を締約した。

ここで留意すべきは、ベネルックス3国の間および北欧諸国の間では、それぞれ歴史的、地理的、社会的および経済的に密接な関係が存在するため、裁判の領域でもいわば国境の壁をしだいに取り除く方向が大きな抵抗もなく、支持される条件が備わっていた、ということである。

(4) 第9回国際刑法会議

1964年8月、オランダのハーグで開かれた第9回国際刑法会議は、第4議題「刑事判決の国際的効力」につき、長文の決議をした。この決議は、外国刑事判決の消極的効力（一事不再理の効力）と積極的効力（執行力）をできる限り広い範囲において承認することを内容とするものであって、そ

の後、国際的に大きな影響力をもった。

4 ヨーロッパ条約

1964年11月30日、ヨーロッパ評議会の構成国の間で、注目すべき二つの条約が締結された。その1は、「刑の猶予者及び仮釈放者の保護観察に関するヨーロッパ条約」[2]（1975年8月22日発効）であって、外国判決にもとづく刑の猶予者および仮釈放者に対する保護観察をその者の居住する締約国で行うことを内容とするものである。その2は、「道路交通犯罪の処罰に関するヨーロッパ条約」[3]（1972年7月18日発効）であって、道路交通犯罪について言い渡された外国判決を他の締約国で執行することを内容とするものである。この2条約は、その内容とする点では北欧諸国の条約やベネルックス条約よりも範囲が狭く、かつ、やや消極的ではあるが、何よりも「ヨーロッパ条約」として締結されたところに意義をもっている。

上記の2条約が途を開いた外国刑事判決の執行は、1970年の「ヨーロッパ刑事判決条約」[4]（1974年7月26日発効）の締結となって結実した。この条約は、犯罪の種類および刑事制裁の種類いかんを問わず、外国刑事判決の消極的効力と積極的効力を広い範囲で認めたものであって、まさに画期的な意味をもつものである。

2002年8月現在、この条約を批准している国は、オーストリア、デンマーク、オランダ、ノルウェー、スペイン、スウェーデン、トルコなど14カ国に達している。このほか、署名国は、ベルギー、ドイツ、ギリシャ、イタリアなど10カ国に及んでいる。1993年1月当時には批准国の数が7カ国に過ぎなかったことを考えると、最近、批准国の数が着実に増加しつつあることが、注目される。

2） 森下・新動向143頁以下。
3） 森下・新動向169頁以下。
4） 森下・新動向193頁以下。

第2節　受刑者の移送

1　言葉の意義

受刑者の移送（transfer of sentenced persons）とは、自由刑または自由剥奪処分の確定判決を受けた者を裁判国からその者の国籍国（いわゆる母国）または居住地国に移送し、そこで執行国の法令に準拠して裁判の執行をする制度である。

受刑者の移送は、受刑者の交換（exchange of prisoners）とは意味を異にする。受刑者の交換は、いわゆる捕虜の交換にも似て、両国で受刑者を交換することを指す。その場合、交換された受刑者は、受入国で釈放され、時には、英雄として迎えられることがある。これに対し、受刑者の移送は、条約、国家間協定等にもとづいて、裁判国における確定判決を引受国で執行することを内容とするものであって、最広義の国際刑事司法共助に含まれる一形態である。

ここで、注意すべきは、「受刑者」の概念である。原語である"sentenced persons"、"personnes condamnées"は、正確には「自由刑又は自由剥奪処分の言渡しを受けた者」を意味する。ここにいう「自由剥奪処分」とは、自由剥奪を伴う保安処分および保護処分をいう。ただし、実際には、自由剥奪を伴う保安処分または保護処分を執行するための移送はまれであろう。それゆえ、上記の原語を「受刑者」と訳した。

2　本制度の誕生の背景

第2次大戦後、欧米諸国における経済復興が進むにつれて、発展途上国から欧米先進国に流入する労働者、難民等が増加した。そのことは、欧米先進国における外国人犯罪者、したがって、外国人被拘禁者の増加を招来した。

今日、ヨーロッパでは、刑事施設における全被拘禁者中、外国人の占め

る割合が25％ないし30％に達している国が、数多く見受けられる。

　このほか、東南アジア諸国を初めとして麻薬を入手しやすい国に欧米などがから出かけた少なからざる数の若者が、その国で薬物の不法所持、不正取引等の罪に因り重い刑に処せられ、拘禁条件の良くない環境の下で、言葉や習慣の違いに悩みながら服役している、という現実がある。この現実は、受刑者の人権保障、社会復帰を図る見地から、早急に解決を図るべき課題として、欧米諸国で大きな社会的関心事とされた。

　外国人受刑者を内国で服役させることは、行刑当局としては、言葉や生活習慣の違いから生じる諸困難に加えて、宗教や信条の相違がもたらす大きな困難にぶつかることになる。たとえば、ある宗教の信者は、豚肉を食べず、あるいは毎日、数回、メッカの方を向き、ひざまずいて礼拝することなどが、それである。権利意識の違いから「人権侵害だ」「不当待遇だ」と言って自国の大使館に訴えたり、訴訟を起こしたりする。しかも、外国人受刑者の数が増えることによって、刑事施設の過剰拘禁が生じ、予算的にも執行国の大きな負担となっている。

　他面、受刑者にとっても、外国での服役は、苦労多きことであり、言葉の障害で悩むほか、家族らとの面会もままならず、出所後の社会復帰にも支障がある。そのほか、発展途上国における刑事施設では、処遇らしい処遇が行われていないという現実がある。

　このような事態を打開するために、外国人受刑者をその国籍国（いわゆる母国）または居住地国（常居所のある国）で服役させることが考え出された。たとえば、イタリア人がフランスで罪を犯して自由刑の確定判決を受けた場合、フランスからその受刑者をイタリアに移送し、イタリア法に従って服役させることが、それである。「**受刑者の移送**」と呼ばれるこの制度は、外国刑事判決の執行といわれるものの代表的場合である。

3　受刑者移送条約

　世界には、すでに受刑者移送に関する2国間条約が、かなり締結されて

いる。つとに、1972年ごろから受刑者移送条約が締結されており、1980年代になると、条約締結は、いっそう促進されている。しかも、注目すべきは、大陸法系の国と英米法系の国との間の条約もあれば、自由主義国と共産圏の国との間の条約もあり、さらに、先進国と発展途上国との間の条約も存在することである。

　本来であれば、外国刑事判決の執行は、伝統的な「刑法の国家性の原則」に大きな修正をほどこすものであるので、ほぼ同じ程度の政治的・経済的・文化的発達をとげ、なるべく類似の法制度をもつ国相互間でこそ実現可能なはずである。しかるに、世界の現実は、こうした建前論の制約を越えて、「現に必要だから条約を締結する」という方向に進んでいるように見える。その現実的必要性は、いうまでもなく、外国人受刑者の著しい増加によって招来されたものである。

　諸条約の中で重要な意味をもつのは、次の二つである。

(1)　ヨーロッパ評議会の受刑者移送条約

　1983年3月、ヨーロッパ評議会主宰の下に「**受刑者移送条約**」[5]（Convention on the Transfer of Sentenced Persons）が締結された。この条約に「ヨーロッパ」という言葉が付いていないのは、この条約の内容が、単にヨーロッパを中心とする地域に限らず、より広く、国際的な規模で規律運用されることが望ましいものだからである。

　この条約は、1985年7月1日に発効した。この条約の当事国（批准国と加入国）は、2002年8月現在、50カ国に達している。その中に米国とカナダが含まれていることは、注目すべきである。

　本条約のねらいは、簡単で迅速な手続を設けることにより、受刑者の本国への移送を容易にするところにある。この点がヨーロッパ刑事判決条約との大きな違いであって、本条約の存在理由は、ここに見出される。

　わが国は、2002年6月に国際受刑者移送法を制定し、同年7月にヨー

---

[5]　森下・国際化79頁以下。

ロッパ評議会の受刑者移送条約を批准したことにより、同条約のすべての当事国との間で受刑者の移送を行うことができるようになった。

(2) 国連の受刑者移送模範協定

1985年8月〜9月、イタリアのミラノで開かれた第7回国連犯罪防止会議は、「外国人受刑者の移送に関する模範協定」[6]（Model Agreement on the Transfer of Foreign Prisoners）を採択した。

この協定は、ヨーロッパ評議会の「受刑者移送条約」とほぼ同様の基本的立場、すなわち、できる限り簡単な手続によって迅速かつ早期に受刑者の移送を行うことをねらいとする立場に立っている。国連は、本協定をモデルとして加盟国の間で2国間条約が締結されることを希求した。

ヨーロッパ評議会の受刑者移送条約と本協定との間で基本的立場に共通性が認められるのは、実は、前者の立案者たちの大部分が本協定案の作成作業に参加したためである。受刑者の移送は、外国刑事判決の典型的かつ最重要な形態であって、本来ならば、外国判決の執行は、面倒な手続を必要とし、実現までに相当の日数を要する。しかし、それでは、現今、最も緊急な国際的課題の一つとされている受刑者の移送を活発に行うことができない。本協定の立案者たちが簡単かつ弾力的な手続により、受刑者の移送を行うことをねらいとしたのは、こうした事情による。

第3節　執行主義の基礎理論

1　外国刑事判決の積極的効力

外国刑事判決の執行は、既判力の積極的効力として執行力を認める立場に立ち、**外国判決の完全執行方式**によっている。ここでは、外国判決を内国判決と同視する立場（**同視原則**）が採用されている。この方式にあっては、外国判決により言い渡された刑事制裁（刑罰と処分）を内国で完全に

6）　森下・国際化112頁以下。

執行することになる。

　執行主義を採る場合、執行の対象となる外国判決の根拠とされた犯罪行為について内国刑法の適用（いわゆる裁判権）があることは、必要でない。内国における制裁執行の法的根拠は、裁判国と執行国との間の国際協定である。内国の制裁執行権は、この国際協定に由来する。内国は、固有の刑罰権にもとづいて制裁の執行をするのではなくて、**裁判国の判決を承継して執行する**のである。それゆえ、裁判国と執行国との間には、一種の法共同体が形成されたと見ることもできる。

2　国際協定の法的形式

　外国判決の執行をするためには、裁判国と執行国との間にこれに関する国際協定が存在することを要する。

　問題は、この国際協定の法的形式いかんである。言いかえると、狭義の条約であることを要するか、それとも、条約以外で、国家間の合意を取り決めるもので足りるか、である。上記の国連の模範協定が「模範条約」（model treaty）と銘打っていないところからすると、必ずしも狭義の条約であることを要しないように見える。おそらく、狭義の条約であることを通例とするであろうが、理論的には必ずしも狭義の条約であることを要しない、ということであろう。

3　国際法の優位性

　外国判決の執行が国際協定にもとづいて行われる場合、国際協定と国内法とが抵触することがありうる。この場合には、ほとんどの国で、憲法もしくは法律の明文規定により、または法理論により、国際法の優位性が認められているようである。

　国内法の次元では、オーストリア共助法1条、スイス共助法1条1項、ドイツ共助法1条3項などが、国際協定の優位を規定している。これらの規定は、創設的意義をもつものではなく、一般的に認められた国際法の原

則をくり返したものにすぎない。

第4節　外国刑事判決の執行の要件

1　一般的前提

　外国判決の執行を引き受けるための最も基本的な要件として、裁判国と執行国との間に同様な政治的、文化的、社会的および法的構造が存在すること、すなわち、両国が同じ程度の文化的発達の段階にあることが挙げられる。同程度に文化的発達を遂げている当事国の間では、判決の執行の意義の理解においてほぼ同様のものがあり、それゆえ、実務上困難の生じることが少ないからである。

　おそらく、大陸法系に属する西側ヨーロッパ諸国にあっては、この要件は、最もよく充たされているであろう。なんと言っても、法制度が基本的に共通していることは、実務上の困難を最小限にとどめることに役立つからである。それでは、大陸法系の国と英米法系の国との間では、どうか。両法系の間に大きな差異が存在することは周知のとおりであるが、判決の執行にあっては、裁判国における確定判決を基本的に承継するのであるから、法制度の差異による実務上の困難は、狭義の司法共助や刑事訴追の移管の場合に比して少ないであろう。そうだとすれば、重要な意味をもつ一般的前提は、政治的、文化的および社会的発達の程度の同等性ということになろう。

　ところで、上記のことは建前論である。実際には、1970年代から始まった受刑者移送条約の締結は、先進国と発展途上国との間でも見受けられる。そこでは、締約国の特殊な事情が反映しているようである。それに属するものとして、二つの類型を挙げよう。

　第1は、フランスがフランス語を話すアフリカ諸国（モロッコ、ガボン、カメルーン、コンゴ、マダガスカル、セネガル、トーゴなど）との間に締結した受刑者移送条約である。そこでは、フランスへの移送のみが規定されて

いる。つまり、完全に一方通行的な国際司法共助ということになる。ここで注意すべきは、フランス語を話すアフリカ諸国のほとんどが、フランス法系の国であることである。

第2は、タイが締結した受刑者移送条約である。そこでは、(a) 一定の犯罪（元首またはその家族に対する侵害、文化財保護法違反）については、移送は認められない。また、(b) 刑期の3分の1ないし4分の1を経過した後であって、かつ、なお服すべき刑の期間が1年以上であるときに限り、移送が認められる。タイがこの(b)の要件を設けているのは、主として麻薬犯罪に対するきびしい処罰態度の反映であるように見える。というのは、世界各地から麻薬を求めてタイに来る若者らが、多数、処罰されているからである。

2 執行力のある確定判決の存在

判決の執行のためには、第1の要件として、執行力のある外国の確定判決が存在することを要する。このことが、条約でも国内法でも明記されている。

判決が確定したかどうかは、裁判国の法令の定めるところによる。他国はこれにくちばしを入れることができないという意味で、**既判力の不可触性の原則**ということが言われている。それのみならず、執行国は、裁判国がした事実認定に拘束される。それゆえ、たとえば、裁判国において殺人罪で有罪と認定したものを、執行国で正当防衛または過剰防衛と認定することはできない。

判決は、執行力のあるものでなければならない。たいていの場合、判決は確定すれば執行力があるのであるが、国によっては非常救済手段が執行を妨げることがあるので、判決の執行性と確定性は一致しないことがある。

そこで、制裁の執行的性格を一つの要件とすることが要求されている。このほか、裁判国で執行の移送後に恩赦または再審が行われた結果、その判決の執行力が失われる場合も、これとの関連で理解されることになる。

制裁の執行力は、裁判国の権限のある当局がこれを証明しなければならない。執行力が生じたかどうかは、裁判国の法令の定めるところによって判断されるので、執行国の当局は、この点について調査するには及ばない。

3 双方可罰主義

執行主義にあっては、外国判決を内国判決と同視する立場が、典型的な形で前提とされている。そのことから、双方可罰主義（**双罰主義**）が要求される。

双罰主義は、犯罪人引渡しの基本原則の一つとして採用されてきた。しかも、そこでは具体的双罰主義が、国家主権の尊重および犯罪人の人権尊重の見地から要求されてきた。この見地に立つ以上、双罰主義は、外国判決の執行にあっては絶対的なものであろうか。この点につき、ベネルックス判決執行条約は、双罰主義を原則としながら、一部の犯罪について例外を認めている。すなわち、特定国の地理的状況または経済組織のゆえに設けられている犯罪については、他国でこれを犯罪として定めていなくても、外国判決の執行の対象とすることができる（3条、22条）。

具体的双罰主義にあっても、罪名の同一性はもとより、犯罪構成要件の同一性は要求されない。両国の基本的構成要件に共通性が存在すれば、「双罰性」の要件は充足される。

第5節　手続上の問題点

1 外国刑事判決の執行の法的性質

外国刑事判決の執行は、その内容について言えば、(a) 刑の執行と、(b) 保安処分または保護処分の執行という二つの形態に分かれる。この二つのうち、刑の執行が代表的なものであるので、外国の文献では、広い意味で両者を「外国判決にもとづく刑の執行」と言うことがある。

外国判決の執行には、(1) 外国の請求にもとづいて内国で執行する場合、

すなわち、いわゆる**執行の引受け**の場合と、(2) 内国から外国に執行を請求する場合、すなわち、いわゆる**執行の引渡し**の場合とがある。この二つの場合を統合するものとして、「**執行の移管**」という言葉が用いられることがある。

内国にとって、法律上も実務上も重要な意味をもつのは、執行の引受けの場合である。これは、あたかも犯罪人引渡しにおいて外国の請求にもとづいて内国にいる逃亡犯罪人を引き渡す場合(いわゆる受動的引渡しの場合)が法律上も実務上も重要な意味をもつのと、同様である。

司法共助という観点からすれば、外国判決の執行の引受けは、内国判決の執行とは本質において同じではない。外国の請求にもとづく自由剥奪は、執行形式から見れば、刑(または処分)の執行であるが、**本質的には国際司法共助**である。

外国判決の引受けによって、被請求国は、外国の主権の一つの発動形態である外国判決を承認する。被請求国は、外国判決を承継するのではなくて、外国判決によって科せられた**制裁の執行を承継する**のである。この法的性質は、次に述べる二つの方式の執行手続について共通して認められる。

2 執行手続の二つの方式

外国判決の執行において最も困難な問題を提供するのは、執行国における執行手続に関してである。

執行国は、自国において、裁判国の判決の執行を引き受けることを決定した場合、その判決でなされた事実認定に拘束される[7]。このことは、諸条約および国連の模範協定17条が明文をもって規定するところである。ところで、裁判国における刑事制裁の体系と執行国におけるそれとの間には、しばしば差異が存在する。自由刑について見ても、伝統的な3分類(すなわち、重罪刑、軽罪刑、違警罪刑)を採る国や2分類を採る国がある一方、

---

7) このことと関連して、再審を審理する権限を裁判国にのみ認めるのが、すべての国際協定の立場である。

単一刑を採る国（ドイツ、イギリスなど）がある。しかも法定刑の上限と下限は、国によってさまざまである。その結果、執行国で言い渡された制裁が、(a) 執行国の法令により同一の犯罪または同性質の制裁につき定められた上限を超えること、(b) 同様に定められた下限を下ること、(c) 執行国の法令上、その犯罪に適用しえないこと、および(d)執行国の制裁体系に全く存在しないことが、生じうる。

こうした事実にかんがみ、執行国で外国判決を執行するについては、(a) **執行継続方式**と(b) **判決の転換方式**の、2つの手続方式が存在する。

両者のうち一方だけを採るか、両者を併用したうえ執行国の選択に任せるかは、国際協定に委ねられることになる。おそらく、法制度や制裁体系が類似している国相互間（特に、新しい独立国とかつての宗主国との間）では、執行継続方式を採ることにつき、さほどの困難は生じないであろう。

これに対し、相手国との間で判決の執行を弾力的に行おうとする見地からは、二つの手続方式を併用して採用し、そのいずれかを執行国の選択に委ねることになろう。国連の模範協定は、後者の立場を取っている（14条～16条）。

3　執行継続方式

〔1〕 意　義

執行継続とは、理念的には、裁判国でなされた判決を内国裁判所でなされた判決と同視し、裁判国で判決されたとおりの法的性質および期間に従って、**内国で刑事制裁の執行を継続する**ことをいう。

ただ、現実には、外国判決を内国判決と同視すること（同視原則）は、両国の法制度および制裁体系に差異があるため、困難な場合が生じうる。そこで、執行継続の場合にも、外国判決がその性質または期間において執行国の法令と両立しがたいときは、執行国は、相応する犯罪について自国法で定める刑または処分にその制裁を当てはめることができる。これが、いわゆる**制裁の当てはめ**（adaptation of sanction）である。

〔2〕 執行されるべき制裁の期間

執行継続方式にあっては、裁判国で科せられた刑事制裁の期間が、原則として執行されるべきことになる。この原則については、次の二つの例外がある。

(1) 裁判国で科せられた刑が執行国の法定刑の上限を超えるときは、執行国の法定刑の上限が適用される。たとえば、イタリアで凶器を用いて人を脅迫し、財物を取取した強盗犯人に対して言い渡された20年の懲役（イタリア刑法628条3項）を日本で執行する場合には、強盗罪（刑法236条）の法定刑の長期である15年の懲役を執行すべきことになる。

(2) 反対に、裁判国で言い渡された刑が執行国の法令により言い渡すことのできる下限を下るときは、執行国では、この下限に拘束されることなく、裁判国で言い渡された刑に相応する刑を適用することになる。たとえば、裁判国で強盗罪につき言い渡された2年の懲役を日本で執行する場合には、強盗罪の法定刑の下限（懲役5年）を下回る2年の懲役を執行すべきことになる。

このことは、多くの条約で規定されているところである。ここでは、**執行面において「軽い法の原則」が適用されている**と解される。

〔3〕 解決困難な問題

上記のように執行面において「軽い法の原則」を適用したとしても、なお解決困難な問題が残る。さしあたり、二つの場合を取り上げよう。

〔第27例〕 某国は、無期刑を廃止して有期刑の上限を40年としている。その某国において殺人罪に因り40年の懲役に処せられた日本人甲を日本に移送する場合、日本の裁判所は、執行力の付与手続においてその刑を無期刑に転換すべきか、それとも有期刑の上限である15年の懲役に転換すべきであろうか。

理論的には、無期懲役は——本来、無期限であるので——40年の懲役よりも重いわけであるが、無期刑について10年経過後に仮釈放の資格が認め

られること（刑法28条）および実務の運用[8]に照らせば、実際には、無期懲役は40年の懲役よりも軽いということになる。結局、この問題の解決は、執行継続方式では無理であって、次に述べる判決の転換方式によらざるをえないように思われる。

〔第28例〕　日本で業務上過失致死罪により、禁錮2年に処せられたドイツ人Aをドイツに移送する場合、ドイツでは、自由刑は単一化されていてわが国の禁錮にあたる刑種は存在しないので、どうなるか。言いかえると、ドイツでは、受刑者は労働義務を課せられている（行刑法41条）のに、外国判決を執行する場合には、「自由刑」(Freiheitsstrafe) でありながら労働義務を免除したものとなるのか。

これについて考慮すべきは、制裁の当てはめにおける**制裁不加重の原則**である。この原則によれば、ドイツは、移送された受刑者Aに労働義務を課することはできない。この場合には、**国際法によって国内法が修正される**と解される。

4　判決の転換方式

判決の転換（conversion of sentence）とは、執行国の判決（すなわち、司法的又は行政的決定）により、裁判国で言い渡された裁判を同種の犯罪につき執行国で科せられている刑事制裁に置き換えることをいう。この方式の根底には、**裁判国は判決の執行に関する責任を執行国に移す**、という考えがある。

判決の転換方式にあっては、制裁の置き換えにつき、執行国の司法当局にかなり広い裁量の幅が与えられているように見える。これにつき、二つの例を挙げよう。

〔第29例〕　外国で殺人罪に因り懲役40年に処せられた日本人受刑者を

---

[8]　最近では、無期刑の仮釈放は、平均19年経過後に行われており、実務では、無期刑をもって有期30年の刑に相応するものと見る傾向がある。

日本に移送する場合、日本の裁判所は、この外国判決を懲役15年に転換することができるか。

　執行国の裁判所は、裁判国で言い渡された制裁の期間について、自国の裁判所の実務に従ってこれを短縮することができる。国連の模範協定の説明書も、「執行国は、外国判決を基礎として、科せられた制裁を現今の制裁実務に従って減軽する権限を有する」と述べている。これは、両国間に存在することのある法制および裁判実務の差異にかんがみ、当該事案の具体的妥当性を図ることを目ざすものであろう。

　この立場からすれば、第29例にあっては、もし日本の裁判所の実務に従えば、懲役15年の刑の言渡しが相当であるとすれば、懲役15年に転換することは可能である。もっとも、これは理論上のことである。実際には、外国で懲役40年に処せられた場合には、日本の裁判所は、無期懲役に転換することが多いかも知れない。

　〔第30例〕　イタリアで交通事故によって人を死亡させ、懲役1年の実刑に処せられた日本人甲を日本に移送した場合、日本の裁判所は、イタリアの有罪判決に執行猶予を付けることができるか。

　ヨーロッパ刑事判決条約の説明書は、執行国で執行猶予に付することができることを肯定し、また、ドイツ共助法57条2項は、明文をもってこの可能性を肯定している。このように裁判国で言い渡された実刑判決を執行国で執行猶予付き判決に置き換えることの可能性は、次の二つの理由から肯定されるであろう。

　その1は、執行国は、外国判決を基礎として、科せられた制裁を現今の裁判実務に従って減軽する権限を有することである。その2は、執行国の裁判所は、裁判国で認められていない刑の減軽事由を自国の法令に従って考慮に入れることができること、である。法律上の減軽事由について認められることは、事実上の減軽事由についても当てはまるであろう。なぜなら、第30例の事案において、判決確定後、加害者甲と被害者との間に示談が成立する場合もありうるので、その場合には、執行国（日本）の裁判所

は、イタリアで言い渡された懲役1年の刑につき執行猶予を言い渡すことができる、と解される[9]。

5 執行の準拠法

執行の準拠法は、執行国の法令である。このことは、すべての条約により一致して採用されている立場である。執行国のみが、仮釈放を初めとしてすべての適当な決定を行う権限を有する。

この趣旨は、一応、理解することができる。しかし、執行の実際面では多くの問題が生じるであろう。執行に関する法令および制度において、裁判国と執行国との間に差異があり、そのため受刑者の地位に有利・不利が生じることがあるからである。次の場合について考えてみよう。

(1) 執行国における仮釈放の要件が有利である場合

たとえば、仮釈放の資格は、有期刑については、イタリア刑法176条によれば、初犯者については刑期の2分の1、累犯者については刑期の4分の3を経過したときに、また、日本刑法28条によれば、初犯・累犯の区別なく、刑期の3分の1を経過したときに、それぞれ認められる。そこで、イタリアから日本に移送された受刑者は、執行国である日本法に準拠して刑を執行されることになり、刑期の3分の1経過後に仮釈放資格を認められることになる。このように執行国において有利な仮釈放要件が規定されているときは、問題がない。

(2) 執行国における仮釈放の要件が不利である場合

比較法的に見ると、日本刑法28条のように寛大な仮釈放の形式的要件を規定している国は、ごくわずかである。たとえば、オランダ、スイス、オーストリアなどでは、刑期3分の2経過後に仮釈放資格が認められる。それゆえ、日本からこれらの国に移送された受刑者の法的状況は不利益なものとなるかに見える。

---

9) なお、この場合、懲役刑を禁錮刑に変更することもできる。

この場合には、外国判決の執行に関する基本原則の一つである制裁不加重の原則により、執行国は、受刑者に有利に取り扱わなければならない。これにつき、国連の模範協定の説明書は、第19条〔不加重の原則〕の注釈において、「関係国における仮釈放の要件は、受刑者に有利に考慮されなければならない。」と述べている。ここでも、国際法による国内法の修正が行われるわけである。

6 《ne bis in idem》の原則

《ne bis in idem》という表現は、普通、確定判決の対象とされた者は同一の行為について再び訴追されることはない、という一事不再理の意味に解されている。国内法上、この理解は正しい。しかし、国際刑事法の領域では、国際刑事司法協力の形態が異なるに従って、《ne bis in idem》原則のもつ意味内容は異なる。

外国判決の執行に関して論ぜられる《ne bis in idem》は、同一の行為につき、執行国において再び訴追され、刑事制裁を言い渡され、または刑事制裁の執行を受けることはない、という保証を含んでいる。つまり、**一事不再理と一事不再執行とを含む概念である**。

ヨーロッパ刑事判決条約53条1項は、ヨーロッパ刑事判決の対象となった者につき、《ne bis in idem》の原則の適用を規定する。そこでは、《ne bis in idem》の原則の適用される場合が、一事不再理および一事不再執行の意味において広く規定されている。同条約において注目すべきは、保護主義の対象とされる犯罪および属地主義の対象とされる犯罪につき、一定の要件の下で、この原則に対する例外がかなり広く規定されていることである。このことは、**《ne bis in idem》原則の国際的適用は国内法の次元におけるのと同じ範囲で行われるものではない**、ことを意味する。

ところが、受刑者の移送に関する条約では、《ne bis in idem》原則は、厳格な適用が要求されているように見える。たとえば、ヨーロッパ評議会の受刑者移送条約8条は、次のように規定している。

第8条（移送により裁判国に生ずる結果）
　①　執行国の当局による受刑者の引受けは、裁判国における制裁の執行を中止する効果を生ずる。
　②　執行国が制裁の執行が終わったものとみなすときは、裁判国は、もはや制裁の執行をすることができない。

　これは、移送後の判決の執行における《ne bis in idem》原則の尊重を保証するものである。この条約の立場は、一応、これを理解することができる。しかし、問題がないわけではない。次の事例を見よう。

〔第31例〕　B国の国民甲は、A国で交通事故を起こし、A国で過失致死罪により1年の拘禁刑に処せられた。甲は、受刑者の移送手続により、A国からB国に移送された。その後、甲の行為が保険金目的の謀殺であることが判明した。

　この場合、《ne bis in idem》原則の国際的適用をすれば、B国（執行国）では、もはや甲を能動的属人主義にもとづいて訴追することはできない。B国が《ne bis in idem》原則の適用を回避したいのであれば、A国に対して甲の移送（すなわち、B国における執行）の請求をしないか、またはA国から甲の移送の請求があっても、これを拒絶する以外に途はないように思われる[10]。

第6節　わが国が直面する課題

1　受刑者移送条約の締結

　わが国では、「外国刑事判決の執行は、まだまだ遠い将来の問題だ」と考えている者が少なくない。それは、現実認識に欠けるものと言わざるをえない。なぜなら、わが国にとっても、受刑者の移送は、現実の課題になっ

10）　甲の移送が行われることなく甲がA国で服役した後に、甲がB国に帰った場合、B国の国内法に抵触しない限り、B国で属人主義にもとづいて甲を訴追することができる。

ており、また、外国没収命令の執行は、すでに規制薬物特例法（平成3法94号）により、現行法上の制度となっているからである。

現在、外国の刑事施設で服役している日本人の数は、100人近くになると言われている。それらの者の多くは、劣悪な拘禁条件の下で、処遇らしい処遇を受けることなく、獄窓に呻吟しているようである。

他方、わが国の刑務所で服役しているF級受刑者（日本人とは異なる処遇をする必要のある外国人受刑者）は、2001年末現在、2,300人に達し、その国籍は、70ヵ国に及んでいる。F級受刑者の数は、今後、増加の一途をたどると見込まれている。F級受刑者のうち、日本語が不自由であるなどの理由により、特別処遇を必要とする者を収容する施設（男子は府中、大阪、横浜の各刑務所、女子は栃木と和歌山の各刑務所）は、言葉、宗教、生活習慣、法意識の違いのゆえに、処遇面で多大の困難に直面している。

こうした現状を打開し、受刑者の社会復帰を図るためには、わが国も受刑者移送に関する2国間または多国間の条約を締結する必要がある。わが国は、2002年7月にヨーロッパ評議会の受刑者移送条約を批准したのであるが、同条約の当事国は、2002年8月現在、50ヵ国にすぎず、かつ、アジア諸国の多くは同条約に加入していない事情もあって、現実に同条約の適用により、わが国から外国へ受刑者を移送する件数は、さほど多くないであろうと思われる。これを解決する方策としては、わが国とアジア諸国との間で、国情に適合した2国間または多国間の受刑者移送条約を締結する必要がある。

2 外国没収命令の執行

1988年の国連の麻薬新条約5条（没収）は、1項から3項までにおいて没収制度の国内手続を規定し、4項で外国の没収命令の（内国における）執行について規定している。

ここで「没収（confiscation）とは、適用可能な場合には forfeiture を含み、裁判所又はその他の権限のある当局の命令による財産の永久的な剥奪

をいう」と定義されている（英語の正文による 1 条）。そして、「**財産**」（property）とは、有体であると無体であると、動産であると不動産であると、有形であると無形であるとを問わず、あらゆる種類の財産およびこれらの財産に関する権利または利害関係を証明する法律上の文書をいう（1 条の定義による）。これによれば、本条約にいう「没収」は、わが国の没収と追徴を含めたものよりも広い概念と解される。

外国の没収命令の執行というのは、外国判決の執行の一形態ということになるであろう。その中には、米国の民事没収（civil forfeiture）[11]の執行も含まれるであろうが、その場合には、わが国では民訴 121 条〔外国判決の効力〕が適用されることになろう。要するに、外国の没収命令の執行という中では、刑事裁判所の没収判決の執行が大部分を占め、部分的には権限のある当局の発した没収命令の執行も含まれるであろう。

外国の没収命令の執行については、当該外国の要請にもとづいて国際司法協力として行う場合にも、条約 5 条 1 項から 3 項までの国内手続規定が適用される。

本条約は、他の締約国からの要請にもとづく没収命令の執行を義務的なものとしている（5 条 4 項 A 号）。つまり、没収対象物（条約 5 条 1 項）が領域内に存在する場合において、他の締約国から要請があったときは、自国の権限のある当局から発せられた没収命令にもとづき、その命令を執行すべき義務を負うことになる。

3 規制薬物特例法にもとづく外国の没収命令の執行

規制薬物特例法は、薬物犯罪等にあたる行為に係る外国の刑事事件に関して当該外国から、没収・追徴の確定裁判の執行の要請があったときは、共助犯罪（共助の要請において犯されたとされている犯罪をいう）について双

---

11) 民事没収とは、刑事手続とは関係なく、没収対象物自体に対して民事訴訟の形式をとるものである。

罰性の要件を欠くときなどを除いて、その要請に係る共助をするべき旨を規定している（56条1項）。これは、麻薬新条約5条を受けた規定である。このことは、没収または追徴のための財産の保全、すなわち、没収保全（24条以下）と追徴保全（44条以下）の共助の要請があったときも、同様である。それは、没収対象物を凍結し、または差し押さえることができるように国内法を整備すべき義務を課している条約5条2項にもとづく規定である。

　本法によって、薬物犯罪等にあたる行為に係る外国の刑事事件に関して、外国の没収命令の執行という制度が導入されたことは、画期的なことである。いま、世界の動向は、薬物取引犯罪のみならず、その他の重大な犯罪（たとえば、テロ犯罪、恐喝、強盗、詐欺、誘拐、経済犯罪等）についても犯罪に由来する不法収益の隠匿、仮装、転換、移転等の行為を犯罪化するとともに、没収・追徴の制度を強化する方向に向かっている。1990年11月8日、ストラスブールで締結された**マネー・ロンダリング条約**（Convention on laundeing, search, seizure and confiscation of proceeds from crime）[12]は、すべての犯罪に由来するすべての経済的利益を剥奪することを目ざしたものとして、注目すべきものである。

　いずれ、近い将来、この世界の新しい動向は、わが国にも波及するであろう。マネー・ロンダリング条約は、国連の麻薬新条約5条4項にならって、没収に関する二つの形態の国際司法協力（その中に、外国の没収命令の執行が含まれる）を規定している（13条）。この世界的動向に沿って国内法の整備をすることは、やがてわが国にとっても課題となるであろう。

---

12)　森下「マネー・ロンダリング条約」同・基本問題264頁以下。

第 4 章　刑事訴追の移管

第 1 節　制度の意義と存在理由

1　制度の意義

刑事訴追の移管とは、普通、犯罪地国から犯人の国籍国（いわゆる母国）または居住地国に対して犯人の訴追を請求し、被請求国において訴追および処罰をしてもらう制度である。普通、犯罪地国が請求国となるのは、属地主義の優位から由来する。理論的には、請求国は、刑法の固有適用（すなわち、固有の刑事裁判権）のある国である。

刑事訴追の移管は、国際刑事司法協力の一形態であって、**請求国の訴追権限を被請求国に移管することを内容とする**制度である。それゆえ、被請求国の側に訴追の権限が創設されるわけではない。

刑事訴追の移管は、外国刑事判決の執行と並んで新しい形態の国際刑事司法共助に属する。歴史的には、両者のうち、外国判決の執行が、先に登場した。そこでは、被請求国は、請求国の確定判決を執行するだけである。これに対し、訴追の移管にあっては、被請求国は、**訴追と判決の執行とを行**う。したがって、この制度にあっては、被請求国は、刑事手続の重要部分のすべてを行うことになる。今や、国際刑事司法協力の重点は、外国判決の執行から刑事訴追の移管へと、ゆっくりではあるが、動きつつある。

2　移管が行われる三つの段階

訴追の移管が行われるのは、次の三つの段階である。

(1)　公訴提起前の段階

これは、請求国で捜査が行われ、犯人が判明した段階である。時には捜査が終了したこともある。

(2)　判決以前の段階

これは、請求国において公訴が提起された段階または審理が開始された段階である。

(3)　判決執行前の段階

これは、判決が言い渡されたが、まだその執行にまでは至らない段階である。

これらの段階において、請求国の訴追機関が自国において訴追を適切な方法で行うことができない、と判断することがありうる。その理由には、さまざまのものが考えられる。たとえば、証拠の収集とか、被疑者・被告人の出頭の確保が困難であること、外国で審理中の他の事件と関連性をもつことが、その代表的なものである。そのほか、一方の国（請求国）における刑の執行が不可能または不適当であること、他方の国（被請求国）において外国判決の執行を認める制度が採用されているとしても、刑の執行に困難を伴うことなどが、理由として挙げられる。

このような理由のいずれかが存在する場合において、一方の国（請求国）の訴追当局が自国における訴追の継続は望ましくないとの判断に達したとき、適切な刑事訴追が可能である他方の国（被請求国）に訴追を請求することになる。

被請求国は、訴追の請求を応諾したときでも、国際協定に明文の規定のない限り、必ず犯人を訴追し、または審理を続行しなければならない訳ではない。訴追するかどうかは、被請求国の自由である。

3　制度の存在理由

〔1〕　国外犯の増加

第2次大戦後、人の国際交流は飛躍的に増大した。そのことは、内国人による国外犯の著しい増加を招来した。その典型的なものは、道路交通犯

罪であるが、そのほかにも財産犯罪、経済犯罪、薬物犯罪、出入国管理法違反などについて、この現象が見受けられる。

このような現象は、当然のことながら、内国人が外国で訴追・処罰される多くの事例を生んだ。その結果、犯罪者の側にとっても犯罪地国の側にとっても、次に述べるような不都合がしばしば生じることになった。それのみならず、当然のことながら、**同一の犯罪に対する国際的な重複訴追**の問題を生んだ。その代表的なものは、(a) 犯罪地国が属地主義にもとづいて訴追する場合、および(b) 犯罪者の国籍国が能動的属人主義にもとづいて訴追する場合である。そのほか、属地主義における「犯罪地」の決定につき、遍在説を採る国が多いので、行為がＡ国で行われ、結果がＢ国で発生した場合には、同一の事件について、Ａ国もＢ国もそれぞれ属地主義にもとづいて訴追することがある。特に、犯罪者が身柄を拘束されていない場合には、その者は国境を越えて自由に移動することが可能であり、その結果、重複訴追が行われることがある。

〔２〕 **犯罪者の側における事情**

犯罪者が犯罪地国である外国で訴追されると、さまざまな不利益をこうむる。もし、訴追の移管によってその者が国籍国（または居住地国）で訴追されると、次に述べる理由で、かえって犯罪者の社会復帰に役立つ。

(1) 未決勾留、罰金の支払い

統計的に見ると、国外犯のうち、道路交通犯罪の占める割合は、特に大きい。外国人が交通事故を起こした場合、犯罪地国で裁判確定まで未決拘禁その他の理由で滞在を余儀なくされることがある。これに対し、訴追移管の制度が導入されると、犯罪者は必要な捜査の終了後、帰国を許される。そのため、その者が職を失うおそれはない。これは、重要な点である。

犯罪地国で裁判され、仮に罰金の言渡しがなされたとしても、支払うべき罰金（しばしば高額である）を持ち合わせていないことが少なくない。罰金不完納の場合には、滞納留置（労役場留置）またはいわゆる代替的自由

刑に処せられることになる。こうした不都合は、訴追の移管によって回避されるであろう。

(2) 防御権の行使

外国で裁判を受けるとなると、被告人は言葉の壁、外国法の不案内、外国人弁護人による不十分な弁護活動、外国官憲との摩擦などのゆえに、防御権を十分に行使しえないことが、しばしばである。

ところが、国籍国で訴追される場合には、これらの不都合は生じない。それのみならず、身柄拘束のまま訴追される可能性が高まり、仮に未決勾留されて起訴されたとしても、外国で訴追される場合に比べて保釈される可能性も高くなる。さらに、未決勾留された場合でも、家族等と接見交通することが可能であるという利点が生じる。

(3) 刑の量定

犯罪地国で外国人が裁判を受けると、自国民が裁判を受ける場合に比べて、刑の量定が一般に重くなる傾向が見られる。たとえば、外国人に比して自由刑の言渡しが多く、罰金の言渡しが少ない。これは、ヨーロッパで実証的データにもとづいて一般的に指摘されているところである。

次に、国籍国で余罪と併合して審理される場合には、外国と国籍国との双方で別々に審理されて、双方の国で言い渡される刑を合算したものよりも、言い渡される刑は一般的に軽い、という長所がある。

(4) 服役する場合

犯罪者が実刑に処せられて、外国の刑事施設で服役する場合には、多くの点で不利益の生じることが多い。特に、言語、気候、生活様式、宗教等を異にする国における服役は、受刑者にとって苦痛であり、時には人権侵害と映ることもあろう。まして、外国人に対しては、仮釈放の適用がきびしく制限される傾向が見られる。

これに対し、受刑者が国籍国で服役するときには、(a) 家族等と面会することができる、(b) 言語、生活様式などの点で文化衝突が生じることがない、(c) 釈放後の社会復帰が円滑に行われる可能性が高い、などの長所

が見られる。

　要するに、訴追の移管は、行為者の社会復帰を期待しうる最善の制度である、ということになる。

〔3〕　犯罪地国の側における事情
(1)　法秩序の維持

　犯罪地国における法秩序の維持、言いかえると、自国民（または内国居住者）と外国人を公平に処罰するという見地から、訴追の移管制度を必要とする理由が見出される。

　外国人が内国で犯罪を犯した場合、内国で訴追を開始したとしても、犯人が身柄不拘束であるときは、国外に出ることが可能であって、もはや有効な制裁を科することができず、また、刑の言渡しがあったとしても、犯人が国外にいる場合には、犯罪人引渡しによる以外、身柄を確保して刑の執行をすることはできない。ましてや、軽微な犯罪の場合には、犯人に対する訴追の開始にまで至らないことが、しばしばである。

　犯罪人引渡しという制度は、軽微な犯罪には適用されず、そのほか、手続の煩雑性、自国民の不引渡しという国内法上の制約などのため、まれにしか行われない。したがって、外国人による交通犯罪の大部分は不処罰のままに終わってしまい、外国人は事実上、内国で刑事免責を賦与されているのと同様の帰結になる。これでは、自国民と外国人との間に耐えがたい不平等が生じるのみならず、内国の法秩序の適正な維持を図ることは、不可能に近い。

(2)　刑務所人口の減少

　犯罪地国の側から見れば、訴追の移管によって外国人に対する訴追件数が減少するため、刑事施設における外国人被勾留者、ひいては外国人受刑者の数を減少させることができる。

　欧米先進国の中には、かねてから過剰拘禁が続いており、かつ、外国人被収容者が全被収容者中、25％ないし30％に達している国が少なくない。

まさに、外国人被収容者の増加は、それらの国にとって頭の痛い問題となっている。この見地からも、訴追の移管は、外国人被収容者の数、ひいては刑務所人口を減少させることに役立つという長所をもっている。

第2節　制度の沿革

1　ヨーロッパにおける発達

　第2次大戦後、ヨーロッパでは、次のような経緯を経て、訴追の移管制度が発達してきた。

　(1)　1957年、ヨーロッパ引渡条約6条（自国民の引渡し）は、初めて訴追の移管をほのめかす規定を設けた。同条2項は、被請求国が自国民を引き渡さないときは、請求国の請求にもとづいて事件を司法当局に送致しなければならないとした。ここでは、訴追の移管が犯罪人引渡しに代わるものと考えられているようである。

　(2)　1958年のスイス道路交通法（SVG）101条は、訴追の移管制度を最初に立法化したものと言われている。同条は、道路交通犯罪に限ってではあるが、代理処罰主義によりスイスの刑罰権を基礎づけた。

　(3)　1959年のヨーロッパ司法共助条約21条は、請求国内で罪を犯したのち被請求国の領域内に逃亡した犯罪人の引渡しを行うことができない場合（たとえば、自国民の不引渡しの場合）を特に念頭に置いて、訴追の（引受け）の請求を規定した。

　(4)　1964年のヨーロッパ交通犯罪条約第2章は、「居住地国における訴追」、すなわち、訴追の移管という画期的な制度を設けた。これによれば、外国で犯された道路交通犯罪について内国刑法の適用（すなわち、内国の裁判権）がないときでも、締約国の間に刑法の共通適用がある（すなわち、共通の裁判権が設定される）という考えにもとづいて、居住地国に裁判権が与えられるのである。これによって、**刑法適用法における代理主義**という新

しい原則が誕生した。

　(5)　1972年のヨーロッパ訴追移管条約は、政治犯罪等を除くすべての犯罪について訴追の移管制度を採用した。これによって、訴追移管の制度は、すべての犯罪に代理主義の適用を認めることによって結実した。

　(6)　1974年のベネルックス訴追移管条約は、ヨーロッパ訴追移管条約の先例にならい、代理主義の適用による訴追の移管を可能にした。

　(7)　東ヨーロッパの共産圏諸国を中心とする国際協定の締結も、注目に値する。訴追の移管に関する協定は、最初、1971年にポーランドと東ドイツとの間で締結され、次いで、1972年にチェコスロヴァキアとハンガリーとの間で締結された。そして、ポーランドは、1980年にソ連邦との間で、1982年にハンガリーとの間で、同様の協定を締結した。

2　国連の主導による発達

　第7回国連犯罪防止会議（1985年、ミラノ）は、訴追の移管を促進すべき旨の決議（決議12）をした。国連総会は、1985年11月29日、上記の決議を支持する決議（決議40/32）をした。

　次いで、国連の経済社会理事会は、犯罪防止規制委員会（Committee on Crime Prevention and Control）に訴追の移管に関する模範協定（案）を作成するよう要請した。

　この要請にもとづいて作成された模範協定（案）が、第8回国連犯罪防止会議（1990年、ハバナ）で採用された**「刑事訴追の移管に関する模範協定」**（Model Agreement of the Transfer of Proceedings in Criminal Matters）である。この模範協定は、訴追の移管が犯罪防止を目ざす国際協力により、いっそうの発展をもたらすことにかんがみ、2国間または多国間の訴追移管協定のモデルを示したものである。

第3節　被請求国の訴追権限

1　刑法の固有適用と共通適用

訴追の移管にあっては、訴追の引受けをする国、すなわち、被請求国は、請求に係る犯罪を訴追する権限を有する。この訴追権限は、司法当局にとっては事件を審理する権限でもある。

訴追の移管における内国刑法の場所的適用（すなわち、いわゆる裁判権）には、刑法の固有適用（すなわち、固有の裁判権）と刑法の共通適用（すなわち、共通の裁判権）との、2種類がある。

〔1〕　内国刑法の固有適用

内国刑法の固有適用（compétence originaire）とは、刑法適用法の諸原則（たとえば、属地主義、属人主義）にもとづく本来的な内国刑法の適用を意味する。訴追の移管にあっては、属人主義にもとづいて内国刑法が適用される場合が多いであろう。内国刑法の固有適用による訴追の移管は、これを**第1形態の移管**と呼ぶことができる。例を挙げよう。

〔第32例〕　日本人甲は、保険金を得る目的をもってフィリピンで日本人乙を殺害し、逮捕された。フィリピン政府は、日本で甲を訴追するよう日本政府に請求した。

この場合、日本がこの請求を応諾し、属人主義（刑法3条）にもとづいて甲を日本で訴追するのが、典型的な第1形態の移管にあたる。

〔2〕　刑法の共通適用

刑法の共通適用（compétence commune）というのは、被請求国の側に内国刑法の固有適用がないにもかかわらず、条約によって請求国との間に設定された共通裁判権を意味する。刑法の共通適用によって被請求国で行われる訴追〔**第2形態の移管**〕は、ヨーロッパ訴追移管条約によって初めて

導入された注目すべき制度である。例を挙げよう。

〔第33例〕 トルコ人Aは、オランダで暴走運転をしたため検挙されたが、翌日帰国した。そこで、オランダは、トルコにAの訴追を請求し、トルコは、国内法に従ってこの事件を訴追し、Aは、罰金刑の言渡しを受けた。

この事例では、トルコの国外犯規定の適用はないのであるが、ヨーロッパ訴追移管条約にもとづいて条約の当事国（オランダとトルコもこれに含まれる）は、いわば一つの法共同体を構成することになり、トルコは、オランダにおける道交法違反を自国法に従って処罰したのである。

2 代理主義の誕生

第2形態の訴追移管にあっては、条約の当事国の間にいわば一つの法共同体が形成されたものと見る考えが、根底にある。この考えを承認すれば、内国刑法の適用のない国外犯につき、被請求国は、締約国との間に創設される刑法の共通適用（いわゆる**共通裁判権**）にもとづき、「自国の刑法に従って」訴追する権限を有する（ヨーロッパ訴追移管条約2条）。

ここにいわゆる刑法の共通適用という制度は、刑法適用法における**代理主義**または第2次裁判権主義（principle of secondary jurisdiction）と呼ばれる新しい原則を生んだ（78頁以下を見よ）。

代理主義のねらいとするところは、ある国（犯罪地国）が外国にいる犯罪人の引渡しを法律上または事実上請求することはできないが、犯人を処罰したいという場合に、その犯人について属地主義、属人主義等のいずれの原則によっても内国刑法の適用がない外国（犯人の現在する国）に対し、自国に代わって処罰してもらうことである。

第4節　訴追の移管の基本的性格

1　移管犯罪

　訴追の移管の対象となりうる犯罪（いわゆる**移管犯罪**）は、第2形態の移管にあっては、通常、あまり重要でない犯罪および中程度の重要性をもつ犯罪である。道路交通法違反の罪が、その代表的なものである。

　あまり重要でない犯罪（たとえば、道交法違反）については、犯人の国籍国（または居住地国）の刑法の適用がなく、かつ、引渡犯罪に該当しない場合が、ほとんどであろう。中程度の重要性をもつ犯罪（たとえば、普通窃盗、過失致死傷など）については、犯人の国籍国の刑法の適用があるとしても、犯罪人引渡しにおける均衡の原則に照らして引渡しが行われないことが多いであろう。

　東欧諸国における訴追移管協定では、1970年代の前半ごろ、移管犯罪は、引渡犯罪に限定されていた。その後、この制限は廃止され、犯罪の種類いかんを問わないこととされた。ただし、殺人、強盗、国家的法益に対する罪などの重大な犯罪は、犯罪地国で訴追されるので、移管の対象から除外される。

　第1形態の訴追の移管は、犯罪者の防御権の保障および社会復帰の促進を目的とする。この見地から、第1形態にあっては、移管犯罪は、犯罪の種類いかんを問わないことになる。上記の第32例は、殺人について訴追の移管を想定したものである（187頁）。殺人などの重大な犯罪については、東欧諸国の例に見られるように犯罪地国で訴追することが多いであろう。しかし、(a) 犯人（加害者）も被害者も外国人である場合（第32例を見よ）とか、(b) 犯人が国籍国での犯罪について訴追され、または刑の執行を受けている場合には、殺人、強盗などの重大犯罪についても、訴追の移管が行われることがある[1]。なぜなら、(b)の場合には、犯人の国籍国で併合審理し、または刑の執行中に訴追移管された国外犯につき訴追するのが、

犯人にとって利益になることが多いからである。

2　外国刑事判決の執行との相違

　外国刑事判決の執行は、外国（請求国）で確定した刑事判決を内国（被請求国）で執行するものである。それゆえ、被請求国は、もはや証拠収集活動をする必要はない。しかし、外国判決を内国で執行するにあたっては、刑罰法規や刑事制裁の体系が国によって多様であるので、制裁の当てはめをする必要の生じることがあろう。

　訴追の移管にあたっては、被請求国は、必要があれば——司法共助等の方法によって——証拠収集活動をし、裁判およびその執行をする。ここでは、被請求国の法律が適用されるので、制裁の当てはめは行われない。ここに、外国判決の執行と訴追の移管との最も重要な相違点が見出される。

3　犯罪人引渡しとの相違

　犯罪人引渡しは、逃亡犯罪人の現在する国（被請求国）から裁判権を行使する国（請求国）へ、その犯罪人を引き渡す制度である。逃亡犯罪人は、被疑者、被告人または刑事制裁の言渡しを受けた者である。これに対し、訴追の移管にあっては、請求国（普通は犯罪地国）から被請求国（犯人の国籍国または居住地国）に対してなされた請求にもとづき、被請求国において犯人に対する訴追および裁判の執行がなされる。

　犯罪人引渡しにあっては、特定主義が、重要な基本原則の一つとされている。これに対し、訴追の移管にあっては、必ずしもそうではない。訴追の移管にあっては、本人（移管の対象者）の同意は、建前としては必要でない。ただし、本人が請求国で身柄を拘禁されている場合において、被請求国に訴追の移管の方法によって身柄を移送されるべきときは、同意が必

1）　30頁の注(2)で述べたいわゆるロスの「疑惑の銃弾」事件につき、M氏は、日本で起訴された。これは、日米間の協定にもとづくものではないので、事実上の訴追の移管と言うことができる。

要とされる。本人の同意があったときは、特定主義の適用は排除される。さらに、本人がすでに被請求国にいるときは、特定主義は当然のことながら最初から役割を演じない。

4 双方可罰主義

双罰主義は、訴追の移管に関する主要な原則の一つである。この場合の双罰主義は、制度の趣旨に照らして具体的双罰主義を意味する。

ここで注意すべきは、代理主義にもとづく刑法の共通適用ということと双罰主義とを区別すべきことである。被請求国の側に内国刑法の適用がないということは、国外犯につき内国刑法の効力が及ばないことを意味するにすぎず、双罰性とは別個の事柄である。たとえば、スピード違反（最高速度違反）の罪がA国では規定されているが、B国では規定されていない場合には、双罰性の要件は充足されない。ところが、A国でもB国でもスピード違反の罪を規定しているが、その国外犯を罰していない場合には、訴追の移管を行うためには刑法の共通適用が必要とされる。

5 軽い法の原則

外国判決の執行におけると同様、訴追の移管にあっても、準拠法は、被請求国の法律である。とはいえ、両国の刑事制裁の体系に差異があるときは、人権尊重の見地から軽い法の原則（50頁を見よ）が適用される。すなわち、内国の裁判所は、軽い外国刑法を適用することになる。

〔第34例〕 日本人甲は、イタリアで交通事故を起こし、数人を死亡させた。この事件は、イタリアからの請求にもとづき日本で訴追することになり、甲は、日本に移送されることになった。

イタリア刑法によれば、過失により2人以上を死亡させたときは6月以上12年以下の懲役に処せられるが（589条3項）[2]、日本刑法211条によれば、5年以下の懲役・禁錮または50万円以下の罰金に処せられるにすぎない。この場合には、「より軽い法」（*lex mitior*）が適用されて、甲は、業務上

過失致死傷罪（刑法211条）により5年以下の懲役・禁錮または50万円以下の罰金で処断されることになる。

では、イタリアで数人を死亡させる交通事故を起こした甲に対して罰金刑の言渡しがなされる場合もありうるであろうか。たとえば、被害者の側にかなりの過失があった場合とか、加害者から遺族に対して十分な損害賠償がなされ、遺族側が寛大な刑の言渡しを希望している場合などには、わが国の裁判実務の基準に照らして、罰金刑の言渡しがなされることもありうる。

6　二重訴追の禁止

同一の犯罪行為が請求国と被請求国において二重に訴追されることは、人権擁護の見地から避けなければならない。これは、二重の危険の法理により、言葉の本来の意味における《ne bis in idem》を貫こうとするものである。

この見地から、請求国は、訴追の請求をしたときは、その請求の理由とする犯罪行為について被疑者および被告人を訴追することができない（ヨーロッパ訴追移管条約21条1項参照）。ただし、被請求国から請求応諾の通報があるまでは、請求国は、特定の場合を除いて、訴追に関するすべての行為をする権限を有する（同条約同条項）。

訴追の請求によって請求国の訴追権限が消滅する訳ではないので、被請求国が請求を応諾しない旨を通知してきたときなどには、請求国は、訴追および執行の権限を回復する（同条約21条2項）。

2）　イタリア刑法では、過失により1人を死亡させたときは、6月以上5年以下の懲役に処せられるが（589条1項）、2人以上を死亡させたときは、上記のように刑が加重される。

第3編

〔資料〕

国連の犯罪人引渡モデル条約

国連の犯罪人引渡しに関するモデル条約（仮訳）

1990 年 12 月 14 日
国連総会第 45 会期　決議 45 ／ 116

〔A 国〕及び〔B 国〕は、
犯罪人引渡条約を締結することにより犯罪統制における協力をより有効にすることを希望して、
次のとおり協定した。

第 1 条（引渡しの義務）

各締約国は、請求に基づき、かつ、この条約に規定に従い、請求国において引渡犯罪につき訴追し若しくは裁判するため、又は引渡犯罪に係る刑の言渡しの執行をするために引渡しを求められている者を締約国に引き渡すことに同意する。

（注）　刑の引渡しについての言及は、すべての国にとって必要であるとは言えない。

第 2 条（引渡犯罪）

1　この条約において引渡犯罪とは、両締約国の法令により 1 年〔2 年〕以上の自由刑又は自由剥奪処分にあたる犯罪をいう。引渡しの請求が引渡犯罪につき科せられた自由刑又は自由剥奪処分に係るときは、なお執行されるべき期間が 4 月〔6 月〕以上であるときに限り、引渡しを行う。

2　ある犯罪が両締約国の法令により可罰的である犯罪であるかどうかを決定するに当たっては、次のことは問題でない。

(a)　両締約国の法令がその犯罪を構成する作為又は不作為を同一の罪種としていること又は同一の罪名で呼んでいること。

(b)　請求国により示された作為又は不作為の全体を考慮したとしても、

両締約国の法令により構成要件が異なること。
3 引渡しが租税、関税、両替規制その他の歳入事項について請求される場合には、被請求国の法令が同一種類の租税若しくは関税を課していないこと、又は請求国の法令と同一種類の租税又は両替規制を含んでいないことを理由として、引渡しを拒んではならない。
　（注）　若干の国は、この項を削除すること、又は第4条の拒絶事由として規定することを希望するかも知れない。
4 ある者についての引渡しの請求が、両国の法令によれば可罰的とされる若干の犯罪を含んでいるが、そのうちの一部が本条第1項に定めるその他の条件を具備していないときは、請求国は、その者が少なくとも一つの引渡犯罪につき引き渡されるべきことを条件として、当該犯罪について引渡しを行うことができる。

第3条（義務的拒絶事由）

引渡しは、次のいずれかに該当する場合には、行われない。
(a) 引渡しの請求の理由とされる犯罪が、被請求国により政治的性質の犯罪とみなされる場合
　（注）　若干の国は、次の条項を追加することを希望するかも知れない。「政治的性質の犯罪という中には、引渡しをしない場合には両締約国が多国間条約に基づいて訴追義務を負う犯罪は含まれず、また、引渡しについては政治的性質の犯罪ではないと両締約国が合意したその他の犯罪は含まれない。」
(b) 被請求国が、引渡しの請求がその者の人種、宗教、国籍、種族的出身、政治的意見、性別又は地位に基づいてある者を訴追し又は処罰する目的でなされたか、又はそれらの理由によりその者の地位が損なわれるおそれがあると信ずるについて十分な理由を有する場合
(c) 引渡しの請求の理由とされる犯罪が軍法上の犯罪であって、普通法上の犯罪にも該当しない場合

(d) その者の引渡しの請求理由とされる犯罪に関し、被請求国でその者に対してなされた確定裁判が存在する場合
(e) 引渡しを求められている者が、いずれかの締約国の法令により、時効又は恩赦を含むなんらかの理由により訴追又は処罰の免除を受ける場合
　　（注）　若干の国は、これを第4条の任意的拒絶事由にすることを希望するかも知れない。
(f) 引渡しを求められている者が、請求国において拷問若しくは残虐な、非人道的な若しくは品位を傷つける取扱い若しくは処罰を受けたとき、又は受けるであろうとき、又はその者が市民的及び政治的権利に関する国際規約第14条に含まれる、刑事手続における最小限の保障を受けなかったとき、又は受けないであろう場合
(g) 請求国の裁判が欠席で行われた場合において、刑の言渡しを受けた者がその裁判につき十分な通知を受けず、防御の準備をする機会を与えられなかった場合、並びにその者の出席の下で再審理される機会を与えられなかった場合、若しくは与えられないであろう場合
　　（注）　若干の国は、第3条に次の拒絶事由を追加することを希望するかも知れない。
　　「被請求国の証拠基準に従えば、引渡しを求められている者がその犯罪の当事者であることにつき不十分な証拠しかない場合」
　　なお、第5条第2項(b)の注を見よ。

第4条（任意的拒絶事由）

次のいずれかに該当する場合には、引渡しを拒むことができる。

(a) 引渡しを求められている者が、被請求国の国民である場合。被請求国は、この理由で引渡しを拒んだときは、他方の国から請求があれば、引渡しの請求を受けた犯罪に関し、その者に対する適当な措置をとるために、その事件を権限のある当局に付託する。

(b) 被請求国の権限を有する当局が、引渡しを求められている者につき、その犯罪を理由としてその者に対し訴追を開始しないか又は終了するかの、いずれかを決定した場合
(c) 引渡しの理由とされる犯罪に関する訴追が、引渡しを求められている者に対して、被請求国で係属している場合
(d) 引渡しの理由とされている犯罪が、請求国の法令により死刑にあたる場合。ただし、請求国が被請求国において死刑は科せられず、又は仮に科せられたとしても執行されないことを十分に信ずるような保証を提供するときは、この限りでない。
　　（注）　若干の国は、無期刑又は不定期刑を科するにつき、同一の制限を適用することを希望するかも知れない。
(e) 引渡しの理由とされる犯罪がいずれかの締約国の領域外で犯された場合において、被請求国の法令が、同様な状況下で犯された類似の犯罪について裁判権を設定していないとき。
(f) 引渡しの理由とされる犯罪の全部又は一部が被請求国の法令によれば、被請求国の領域内で犯されたとみなされる場合。この理由の故に引渡しが拒絶される場合において、請求国から要求があるときは、被請求国は、引渡しの請求の理由とされる犯罪につきその者に対する適当な措置をとるために、権限を有する当局に事件を付託する。
　　（注）　若干の国は、その犯罪が行われた時にその国の法令により、その国の国旗を掲げる船舶又はその国に登録している航空機について特別の定めをすることを希望するかも知れない。
(g) 引渡しを求められている者が請求国において特別裁判所又は臨時の裁判所で有罪判決を受けるおそれがある場合
(h) 被請求国が犯罪の性質及び請求国の利害を考慮に入れたとしても、その事案の状況においては、その者の引渡しは、その者の年齢、健康、その他一身的事情の見地から人道的考慮と相容れないと認める

場合

第5条（通信の経路及び請求された文書）
1 引渡しの請求は、書面で行う。請求、関係文書及びその後の通知は、外交経路を通じて、又は直接に司法省間で若しくは締約国が指定するその他の当局間で送付される。
2 引渡しの請求には、次のものを添える。
　(a) すべての場合において
　　(i) 引渡しを求められている者の身元、国籍及び住所を明らかにすることに役立つその他の情報を含めて、その者のできる限りくわしい叙述
　　(ii) 犯罪を定める当該法規の条文、又は必要があれば、その犯罪に関する関係法令の説明及びその犯罪につき科られることのある刑罰の叙述
　(b) 引渡しを求められている者が、裁判所又はその他権限を有する司法当局によりその者の逮捕のために発せられた令状又はその令状の認証謄本により、ある犯罪につき訴追されている場合には、引渡しの請求の理由とされる犯罪の叙述及び犯行の時間及び場所の明示を含めて、当該犯罪を構成する作為又は不作為の記述
　　（注）　証拠の十分性についての司法的評価を要求する国は、次の条項を追加することを希望するかも知れない。
　　「……並びに被請求国の法令により容認されうる形式により、かつ、その国の証拠基準に従ってその者が犯罪の行為者であることを立証する十分な証拠」
　(c) その者がある犯罪につき有罪とされた場合には、引渡しの請求の理由とされる犯罪の叙述及びその犯罪を構成する作為若しくは不作為の記述、並びに判決その他有罪判決及び科せられた刑を明示する文書の原本若しくは認証謄本、並びにその刑の言渡しが執行力を有する事実

及び言い渡された刑の未執行の期間
- (d) その者が欠席裁判により有罪とされた場合には、本条第2項(c)に記載する文書のほかに、その者の防御を準備し、又はその事件をその者の出席の下に再審理させるためにその者が用いることのできる法的手段の記述
- (e) その者がある犯罪につき有罪とされたが、刑の言渡しがなかった場合には、引渡しの理由とされる犯罪の記述、その犯罪を構成する作為若しくは不作為の記述並びにその有罪判決を明らかにする文書及び刑を科する意図のあることを確証する記述
3 引渡しの請求を根拠づけるために提出される文書には、被請求国の国語又は被請求国で理解されるその他の国語による翻訳を添える。

第6条（略式の引渡手続）

被請求国は、自国の法令により禁止されていない場合には、引渡しを求められている者が権限を有する当局の前で明示的に同意することを条件として、仮拘禁の請求を受理した後、引渡しを行うことができる。

第7条（公式証明及び認証）

この条約に定める場合を除いて、引渡しの請求及びそれを正当化する文書並びに引渡しの請求に応じて提供される文書その他の資料は、公式証明又は認証を必要としない。

(注) 若干の国の法令は、他の国から送付された文書が自国の裁判所で認められるために認証を必要としており、したがって、必要な認証を定める条項を要求するであろう。

第8条（追加情報）

被請求国は、引渡しの請求を根拠づけるために提供された情報が十分でないと認める場合には、被請求国が指定する合理的期限内に追加情報

を提供するよう要求することができる。

第9条（仮拘禁）

1　緊急の場合には、請求国は、引渡しを求められることとなる者の仮拘禁を求めることができる。この請求は、国際刑事警察機構の便宜を通じて、又は郵便若しくは電報により、若しくはその他書面で記録に残る方法によって送付する。

2　この請求には、引渡しを求められることとなる者についての記述、引渡しが請求される旨の記述、犯人の逮捕を許可する第5条第2項に記載する文書のいずれかが存在することの記述、その犯罪につき科せられることがあるか又は科せられた刑罰（未執行の期間を含む）の記述、当該犯行の簡潔な記述、及び判明しているときには犯人の住所の記述を含むものとする。

3　被請求国は、自国の法令に基づきその請求についての決定を行い、その決定を遅滞なく請求国に通知する。

4　この請求に基づいて仮拘禁された者は、引渡しの請求が第5条第2項に定める関係文書と共に仮拘禁の日から〔40〕日以内に受理されかった場合には、釈放される。この項は、〔40〕日の経過の前にその者を条件付きで釈放する可能性を排除するものではない。

5　本条第4項により仮拘禁された者の釈放は、引渡しの請求及びその関係文書がその後に受理された場合には、その者を引き渡す目的で再拘禁し、かつ、手続を開始することを妨げるものではない。

第10条（請求に対する決定）

1　被請求国は、自国法に定める手続に従って引渡しの請求を処理し、かつ、速やかにその決定を請求国に通知する。

2　請求の全部又は一部の拒絶には、理由を付する。

第11条（身柄の引渡し）

1　引渡しが許諾された旨の通知があった場合には、両締約国は、不当な遅滞なく、引渡しを求められている者の身柄の引渡しのために取決めを行うものとし、被請求国は、その者が身柄引渡しのために仮拘禁された期間を請求国に通知する。
2　引渡しを求められている者は、被請求国が指定する合理的期間内に被請求国の領域から出国させる。その者がその期間内に出国させられない場合には、被請求国は、その者を釈放し、かつ、同一の犯罪を理由としてその者の引渡しを拒むことができる。
3　締約国は、自国が統御することのできない事情により、身柄の引渡し又は出国を妨げられた場合には、その旨を他の締約国に通知する。両締約国は、相互間で身柄の引渡しの新しい期日を決定する。この場合には、本条第2項の規定を適用する。

第12条（延期された又は条件付きの身柄の引渡し）

1　被請求国は、引渡しの請求について決定をした後、引渡しを求められている者に対する訴追を行うため、又はその者がすでに有罪判決を受けている場合には、引渡しの理由とされている犯罪以外の犯罪について科せられた刑を執行するため、その者の身柄の引渡しを延期することができる。この場合には、被請求国は、その旨を請求国に通知する。
2　被請求国は、身柄の引渡しを延期する代わりに、両締約国の間で定める条件に従ってその者を請求国に一時的に引き渡すことができる。

第13条（物の引渡し）

1　犯罪の結果として得られた物又は証拠として必要とされる物であって被請求国内で発見されたものは、請求国から請求がある場合において、犯罪人引渡しが行われるときは、被請求国の法令の許す限度内で、かつ、適正に尊重されるべき第三者の権利に従い、引き渡される。

2　前項の物は、請求国から請求がある場合には、合意された犯罪人引渡しが実行されないときでも、請求国に引き渡すことができる。
3　第1項の物が被請求国で押収又は没収の対象とされる場合には、被請求国は、その物を自国に留め置き、又は一時的に引き渡すことができる。
4　被請求国の法令で要求される場合又は第三者の権利を保護するために必要である場合において、被請求国から請求があるときは、引き渡された物は、関係手続の終了後に無償で被請求国に返還されるものとする。

第14条（特定性の原則）

1　この条約に基づいて引き渡された者は、身柄引渡しの前に犯した、次のいずれかに該当する犯罪以外の犯罪を理由として、請求国の領域内で訴追され、裁判を受け、拘禁され、第三国に再引渡しされ、又はその他の一身的自由のいかなる制限にも服することはない。
　(a)　それにつき引渡しが行われた犯罪
　(b)　被請求国が同意したその他すべての犯罪（注1）。同意は、請求に係る犯罪がそれ自体、この条約に従って引渡犯罪である場合に与えられる（注2）。
　　（注1）　若干の国は、第三の場合として、引き渡される者の明示の同意を追加することを希望するかも知れない。
　　（注2）　若干の国は、同意を与える義務を認めることを希望しないで、同意を与えるかどうかを決定するために他の理由を含めることを希望するかも知れない。
2　本条により被請求国の同意を得るための請求には、第5条第2項に記載する文書及びその犯罪に関して引き渡された者が作成した陳述書の法的記録を添付する。
3　本条第1項は、引き渡された者が引渡しの理由とされた犯罪に関して最終的に釈放された日から〔30／45〕日以内にその者が請求国を離れる機会をもったにもかかわらず、離れなかった場合、又はその者が請求国

の領域から離れた後、当該領域に自発的に戻って来た場合には、適用されない。

第15条（通過）

1　ある者が一方の締約国から他方の締約国を経由して第三国に引き渡される場合には、その者の引渡しを受ける締約国は、他方の締約国に対し、その領域を経由する通過を許可することを請求する。この規定は、航空機による輸送が行われ、かつ、他方の締約国の領域に着陸が予定さていない場合には、適用されない。
2　通過の請求及びそれに関連する情報を受け取った場合には、被請求国は、自国法に定める手続に従ってその請求を処理する。被請求国は、通過によって自国の基本的利益が害される場合を除いて、その請求を認める。
　（注）若干の国は、引渡しの拒絶事由ともなる犯罪の性質（例えば、政治犯罪、財政犯罪、軍事犯罪）又は個人の地位（例えば、自国民）に関連する他の拒絶事由について同意することを希望するかも知れない。
3　通過国は、通過中、被護送者の拘束を可能にする法律の規定が存在することを保証する。
4　予定されなかった着陸の場合には、通過の許可を求めた締約国は、護送官の請求により、本条第1項の規定に従ってなされる通過の請求が受理されるまで、その者を〔48〕時間、拘束することができる。

第16条（競合する請求）

　締約国が、同一の者につき他の締約国及び第三国から引渡しの請求を受理した場合には、その裁量により、それらの国のいずれにその者を引き渡すかを決定する。

第17条（費用）

1 　被請求国は、引渡しの請求から生ずる、その国内における手続の費用を負担する。
2 　被請求国は、物の押収及び引渡し並びに引渡しを求められている者の逮捕及び拘禁に関連してその領域内で生じた費用をも負担する。
　（注）　若干の国は、引渡し又は仮拘禁の請求を撤回した結果として生じた費用の償還を考慮することを希望するかも知れない。
3 　請求国は、被請求国の領域内でその者を護送するにつき生じた費用（通過護送の費用を含む。）を負担する。

第18条（最終規定）

1 　この条約は、（批准、受諾又は承認）されなけれならず、（批准、受諾又は承認）書は、できる限り速やかに交換されるものとする。
2 　この条約は、（批准、受諾又は承認）書が交換された日の後、30日目の日に効力を生ずる。
3 　この条約は、発効日の前に当該の作為又は不作為が行われた場合でも、その発効日の後になされた請求に適用する。
4 　いずれの締約国も、他の締約国に文書で通告することにより、この条約を廃棄することができる。廃棄は、その通告が他の締約国で受理された日の後、6箇月で効力を生ずる。

　以上の証拠として、それぞれの政府から正当に権限を与えられた下名は、この条約に署名した。

索引
（太字は重要個所を示す）

あ 行

青手配書 …………………………18, 19
赤手配書 ……………………18, 19, 133
新しい形態の国際刑事司法共助 …11, 97
安全行動 ………………………………127
安全な楽園 ……………………………70
移管犯罪 ………………………………189
一事不再理 ……………56, 86, 122～, 175
　　――の原則 ……………………147, 175
　　――の原則の国際的適用 …………122
　　――の国際的効力 …………………86
一事不再執行………………………89, 175
浮かぶ領土 ……………………………36

か 行

外交関係ウィーン条約 ……………38, 39
外国刑事判決………………………………84
　　――の執行 …………………99, 156～, 166
　　――の消極的効力 …………………86～
　　――の積極的効力 …………………92
　　――の認知………………………………93
外国法の適用 ………………………145～
外国没収命令の執行 ………………177～
加害条項 ………………………………114
仮拘禁 ………………………………131～
軽い法の原則………7, 50, 72, 74, 171, 191
ガルダ・ヴュー ………………………133
関連的政治犯罪 ………………………114
関連犯罪 ………………………………114
旗国主義 ……………………………34, 35
規制薬物特例法 ………………………178
既判力の不可触性の原則 ……85, 92, 167
旧国籍者……………………………………46
共助犯罪 ………………………………142
強制処分の免除 ………………………39
共通の刑事裁判権 …………………78, 82
近代的保護主義 ………………………54
具体的双罰性 …………………………139
グロチウス……………………45, 59, 74
刑事国際法 …………………………7, 8～
刑事訴追の移管 ……………79, 97, 180～
刑事判決……………………………………84
　　――の国際的効力 …………………85～
刑事免責 ……………………………152, 154
刑法適用法 ……………………2, 6～, 24～
刑法の国家性の原則………12, 24, 88, 157
刑法の共通適用……………69, 78, 79, 187
刑法の固有適用 ………………………187
刑法の場所的効力範囲〈適用範囲〉…2, 3
結果説……………………………………31
厳格な相互主義 ………………………108
行為説……………………………………31
国越犯罪 ………………………5, 6, 109
考慮主義 ……………………………92, 93
国際刑法 ……………………………2～
　　――（狭義の） ……………………3
国際刑事警察機構……………………14～
国際刑事裁判所……………………9, 20～
国際警察協力 …………………………13
国際刑事司法共助 ……………11, 97～
　　――（狭義の） ……………11, 98, 140～
国際刑事法……………………………12
国際捜査共助……………………………12～
国際手配書……………………………18
国際手配制度…………………………17～

206　索　　引

国際犯罪……………………5, 55, 109
　　──（狭義の）………………5
国際法犯罪 …………………………9
国籍主義………………………………43
国民保護主義 ………………41, 52
　　──の法的性質………………57
個人保護主義…………………………53
国家中央事務局………………………16
国家平等性の原則………………109
国家保護主義……………………52
　　──の法的性質………………55〜
国連の犯罪人引渡モデル条約
　　　　　　　……………102, 193〜
古典的形態の国際刑事司法共助
　　　　　　　……………11, 12, 92
古典的保護主義………………………54
コモン・ロー…………………45, 143

さ　行

裁判権……………………………3, 4
　　──の競合………25〜, 33, 36
　　──の消極的衝突………………37
　　──の設定………………………3
裁判権の免除………………………37〜
　　──の法的根拠…………………38
　　──の法的性質…………………39
裁量条項 …………………………118
裁量的引渡し……………………121
差別条項 …………………………117
算入主義………………………………87
ジェノサイド………………………63
シヴィル・ロー………………46, 143
死　刑…………………………69, 72, 73
自国民………………………………44
　　──の範囲………………………46
自国民の不引渡し ………………117〜
　　──の原則………………38, 139

執行継続方式 ……………………170〜
執行主義 ………………92, 94, 164〜
執行の引受け……………………169
執行の引渡し……………………169
司法共助における特定主義 ……148
司法当局 …………………………142
住居主義………………………………44
修正された特定主義 ……………127
受刑者 ……………………………161
　　──の移送………………122, 161〜
受刑者移送条約 ……………162〜, 176
受動的捜査共助……………………13
受動的引渡し……………………105
純粋特定主義 ……………………126
純代理処罰主義……………………69, 74
　　──の法的性質…………………74
召　喚……………………………154
消極的司法共助 …………………144
受動的属人主義……………41, 52, 57
消去方式 …………………………107
条件の遵守 ………………………150
条約前置主義 ……………31, 45, 104
条約による刑事国際法 ……………8, 9
嘱託書 ……………………………141
人権条項 …………………………116
新国籍者………………………………46
制限的属人主義………………………49
制裁不加重の原則 ………………172
政治犯罪 ……………………113〜, 117〜
　　──概念の縮小………………115
政治犯人の不引渡し ……………113〜
　　──の原則………………101, 113
世界主義………………5, 58〜, 75, 83
世界法益………………………………59
世界法犯罪…………………………9, 58
能動的属人主義………………………41
積極的司法共助 …………………144

絶対的政治犯罪 …………………114
絶対的属人主義…………………49
相互主義 ………………108〜,147
相互性 ……………………………108
相対的政治犯罪 …………………115
双方可罰主義（双罰主義）
　………48〜,111〜,137,147,168,191
　――の例外 ……………………112〜
双方可罰性（双罰性）……48〜,111,147
　――の本来的例外 ……………113
属人主義……………………………41〜
　――の根拠づけ ………………43
属地主義……………………………27〜
　――の根拠………………………28〜
訴追の免除…………………………39

　　　　　た　行

第2次裁判権主義 ………………188
代理主義 ………69,78〜,185,188
　――の必要性…………………80
　――の法的性質………………82〜
代理処罰主義 ……………68〜,82
　――の法的性質………………74〜
小さな司法共助 ………………11,140
テロ行為…………………………61,115
同視原則…………………………92,170
登録国主義 ……………………34,35
特殊な属人主義…………………47
特定主義 …………125〜,139,148〜
　――の緩和 ……………126〜,128
ドンヌディュー・ド・ヴァーブル
　…………………………………85,102

　　　　　な　行

内国刑法の適用…………………82
内国刑法の固有適用……………82,187
内国刑法の場所的適用…………24

二重訴追の禁止 …………………192
二重の危険 ………………………87,91
認　知……………………………93
能動的属人主義…………………41
能動的引渡し ……………………105

　　　　　は　行

判決の転換 ………………………172
　――方式 ………………170,172〜
犯罪地……………………………30,34
犯罪人引渡し ………11,98,100〜,190
犯罪人引渡法……………………12,106
引渡しの法的許容性 ……………129
引渡犯罪 ………………………106
被拘禁者の一時移送 ……………153
被拘禁者の貸与 …………………153
非条約前置主義…………………104
複合的政治犯罪…………………114
不考慮主義………………………94
不再執行…………………………89,175
ブスタマンテ法典………………60
部族主義…………………………42
フランス主義……………………126
文化財犯罪………………………64
ベルギー主義……………………126
ベルギー条項……………………114
遍在説……………………………32,182
保安処分 ………………136,137〜
　――執行のための犯罪人引渡し
　…………………………………135〜
包括主義 …………………………65,66
法共同体……………………82,159,188
法廷地法…………………………92
保護観察の移管 …………………156
保護主義…………………………52〜

ま 行

マネー・ロンダリング ……………………63
マネー・ロンダリング条約……………179
物の引渡し ………………………134〜

や 行

ゆるやかな相互主義 ……………108, 110
ゆるやかな特定主義 …………………126
ヨーロッパ評議会 ……………………103

ら 行

ライン河航行協定 ……………………158
略式の犯罪人引渡し ………………130〜
領　域……………………………………28
　──の範囲………………………………30
列挙主義…………………………………65
列挙方式………………………………106
ロッキード事件…………………………99

外国語索引

aut dedere aut punire ……………45
droit international pénal ……………8
droit international pénal
　conventionnel ……………………9
freies Geleit ………………127, 152
Grundsatz der *lex mitior* …………7, 50
ICC……………………………………21
ICPO…………………………………13, 14
international notice……………………18
international legal assistance in
　criminal matters ……………………11
Interpol ………………14, 16〜, 132
lex fori …………………………………92
ＮＣＢ…………………………………16
ne bis in idem
　………………56, 89, 91, 148, 175〜, 192
ne bis in idem 原則の国際的適用
　………………………………89, 175
safe conduct ……………127, 152, 155

〈著者紹介〉

森　下　　　忠（もりした　ただし）
1924 年　鳥取県に生まれる
1950 年　京都大学法学部卒業
1962 年　法学博士（旧制）
現　在　広島大学名誉教授，岡山大学名誉教授

〔主著〕
緊急避難の研究（1960 年，有斐閣）
緊急避難の比較法的考察（1962 年，有信堂）
国際刑法の新動向（1979 年，成文堂）
国際刑事司法共助の研究（1981 年，成文堂）
国際刑事司法共助の理論（1983 年，成文堂）
国際刑法の潮流（1985 年，成文堂）
イタリア刑法研究序説（1985 年，法律文化社）
刑事司法の国際化（1990 年，成文堂）
刑事政策大綱〔新版〕（1993 年，成文堂）
刑法総論（1993 年，悠々社）
国際刑法入門（1993 年，悠々社）
国際刑法の基本問題（1996 年，成文堂）

新しい国際刑法

2002 年 9 月 30 日　初版第 1 版発行　3117-0101

著　者　森　下　　　忠
発行者　今　井　　　貴
発行所　信山社出版株式会社
〒113-0033　東京都文京区本郷 6-2-9-102
電　話　03（3818）1019
FAX　03（3818）0344

© T. Morishita　Printed in Japan

印刷・製本／松澤印刷・大三製本

ISBN4-7972-3117-3 C3332
NDC 分類 326・031

〒113-0033　東京都文京区本郷6-2-9-102　FAX03-3818-0344

刑事法図書

刑事法辞典　愈々9月発売　執筆136人　約1240項目　本格的刑事法辞典

　　　三井誠・町野朔・曽根威彦・中森喜彦・吉岡一男・西田典之編　5,800円

人身の自由の存在構造　小田中聰樹著　10,000円

現代検察の理論と課題　藤永幸治著　25,000円

刑事再審理由の判断方法　田中和輝著　14,000円

犯罪論と刑法思想　岡本　勝著　10,000円

刑法解釈の展開　大越義久著　8,000円

刑法の旅1　森下忠著　3,200円

新しい国際刑法　森下　忠著　予3,200円

刑事和解と刑事仲裁　宮野　彬著　10,000円

刑事法廷のカメラ取材　宮野　彬著　2,800円

刑事裁判とテレビ報道　宮野　彬著　3,200円

捜査のはなし　河上和雄著　3,689円

最新判事判例の理論と実務　河上和雄著　9,200円

アジアの検察　敷田　稔編　2,500円

機能主義刑法学の理論　松澤　伸著　6,800円

同一性識別の法と科学　デブリン報告・庭山英雄監訳　6,000円

犯罪と刑罰のエピステモロジー　竹村典良著　8,000円

刑事政策講義（補訂版）　重松一義著　4,369円

死刑制度必要論　重松一義著　1,300円

少年法の歴史と思想　重松一義著　3,200円

刑法の話題　植松　正著　2,800円

新刑法教室Ⅰ総論　植松　正著　日高義博　補訂　3,300円

新刑法教室Ⅱ各論　植松　正著　日高義博　補訂　3,400円

犯罪概念と犯罪論の体系　内田文昭著　9,500円

犯罪構成要件該当性の理論　内田文昭著　8,718円

犯罪の実質とその現象形態　内田文昭著

社会的法治国家と刑事立法政策　石塚伸一著　9,481円

近代刑法の源泉　西村克彦著　3,465円

近代刑法の遺産（上中下セット）　西村克彦訳　100,000円

共犯問答（新版）　西村克彦著　3,495円

企業活動の刑事規制　松原英世著　3,500円

現代社会における没収・追徴　町野朔・林幹人編　5,340円

消費者取引と刑事規制　長井　圓著　12,000円

刑事新判例解説（１）刑法総論　東條伸一郎編　3,680円

刑事新判例解説（２）刑法総論　東條伸一郎編　6,660円

刑事新判例解説（３）刑法総論　東條伸一郎編　6,350円

刑事新判例解説（４）刑法総論・刑法各論　麻生光洋編　6,500円

刑事新判例解説（５）刑法総論　麻生光洋編　5,000円

刑事法セミナーⅠ　刑法総論　法務総合研究所　2,400円

刑事法セミナーⅡ　刑法各論（上）　法務総合研究所　2,200円

刑事法セミナーⅢ　刑法各論（下）　法務総合研究所　2,200円

刑事法セミナーⅣ・Ⅴ（合本）　法務総合研究所　5,600円

共犯論序説（増補）　西村克彦著　3,600円

罪責の構造 [新版] 西村克彦著 24,272円

無罪の構造 [新版] 西村克彦著 22,330円

犯罪論の省察 [新版] 西村克彦著 6,000円

共犯理論と共犯立法 [新版] 西村克彦著 4,500円

刑法論議 [総論] 佐藤 司著 4,000円

刑法総論講義案Ⅰ[第2版] 町野 朔著 2,300円

刑法総論講義案（第1分冊）[改訂新版] 大島一泰著 1,900円

刑法総論講義案（第2分冊） 大島一泰 著 1,500円

刑法の重要問題50選Ⅱ各論 能勢弘之・本間一也・丹羽正夫著 2,980円

中止未遂の諸問題 黒木 忍著 2,816円

実行の着手 黒木忍 著 8,600円

過失犯の基本構造 花井哲也著 9,709円

刑法講義 [各論Ⅱ] 花井哲也著 2,408円

刑法講義 [各論Ⅰ]（改訂新版） 花井哲也著 2,000円

犯罪と刑罰のエピステモロジー 竹村典良著 8,000円

社会的法治国家と刑事立法政策 石塚伸一著 9,481円

内観法はなぜ効くか [第2版] 波多野二三彦著 3,000円

国税犯則取締法 臼井滋夫著 6000円

刑法沿革綜覧（増補） 林三月子校閲・松尾浩也増補解題 80,000円

刑法撮要 ボアソナード講述・井上操筆記 28,000円

刑法草按注解 上 [旧刑法別冊（1）] 内田文昭・藤田正・吉井蒼生夫編著 36,893円

刑法草按注解 下 [旧刑法別冊（2）] 内田文昭・藤田正・吉井蒼生夫編著 36,893円

刑 法 [明治40年]（1）-1 内田文昭・山火正則・吉井蒼生夫編著 45,000円

刑 法 [明治40年]（2） 内田文昭・山火正則・吉井蒼生夫編著 38,835円

刑 法 ［明治40年］（3）-1 内田文昭・山火正則・吉井蒼生夫編著　29,126円

刑 法 ［明治40年］（3）-2 内田文昭・山火正則・吉井蒼生夫編著　35,922円

刑 法 ［明治40年］（4）　内田文昭・山火正則・吉井蒼生夫編著　43,689円

刑 法 ［明治40年］（5）　内田文昭・山火正則・吉井蒼生夫編著　31,068円

刑 法 ［明治40年］（6）　内田文昭・山火正則・吉井蒼生夫編著　32,039円

刑 法 ［明治40年］（7）　内田文昭・山火正則・吉井蒼生夫編著　30,097円

　刑 法 ［明治40年］（全8冊セット）85,776円

旧刑法 ［明治13年］（1）　西原春夫・吉井蒼生夫・藤田正編著　31,068円

旧刑法 ［明治13年］（2）-1 西原春夫・吉井蒼生夫・藤田正編著　33,981円

旧刑法 ［明治13年］（2）-2 西原春夫・吉井蒼生夫・藤田正編著　32,039円

旧刑法 ［明治13年］（3）-1 西原春夫・吉井蒼生夫・藤田正編著　39,806円

旧刑法 ［明治13年］（3）-2 西原春夫・吉井蒼生夫・藤田正編著　30,000円

旧刑法 ［明治13年］（3）-3 西原春夫・吉井蒼生夫・藤田正編著　35,000円

旧刑法 ［明治13年］（3）-4 西原春夫・吉井蒼生夫・藤田正編著　近刊

旧刑法 ［明治13年］（4）　西原春夫・吉井蒼生夫・藤田正編著　近刊

　旧刑法 ［明治13年］（6冊セット）西原春夫・吉井蒼生夫・朝倉修著　201,894円

改正刑法釈義　上巻　田中正身著　40,000円

改正刑法釈義　下巻　田中正身著　80,000円

法典質疑問答　第8編　刑法・国際公法　法典質議会　24,272円

法典質疑問答　第9編　刑事訴訟法・民法　法典質議会　24,272円

校訂刑法 ［明治13年］義解（第1編）高木豊三著　20,000円

校訂刑法 ［明治13年］義解（第2編）高木豊三著　25,000円

校訂刑法 ［明治13年］義解（第3編）高木豊三著　20,000円

校訂刑法［明治13年］義解（第4編）（増補）高木豊三著　22,000円

　校訂刑法［明治13年］義解（1－4）高木豊三著　87,000円

刑法［明治13年］講義録　高木豊三著　32,000円

刑法［明治13年］講義［四版］第1巻　宮城浩蔵著　45,000円

刑法［明治13年］講義［四版］第2巻　宮城浩蔵著　52,000円

刑法［明治13年］述義　第1編（上）井上　操著　42,000円

刑法［明治13年］述義　第1編（下）井上　操著　42,000円

刑法［明治13年］述義　第2編（上）井上　操著　35,000円

刑法［明治13年］述義　第2編（下）井上　操著　32,000円

刑法［明治13年］述義　第3編（上）井上　操著　33,000円

刑法［明治13年］述義　第3編（下）井上　操著　33,000円

仏国刑法原論　第1帙上巻　井上正一・ヲルトラン著　35,000円

仏国刑法原論　第1帙下巻　井上正一・ヲルトラン著　45,000円

仏国刑法原論　第2帙上巻　井上正一・ヲルトラン著　33,000円

仏国刑法原論　第2帙下巻　井上正一・ヲルトラン著　33,000円

　仏国刑法原論（全4冊）宮城浩蔵・ヲルトラン・井上正一著　170,000円

改正増補　刑法［明治13年］講義上　磯部四郎著　40,000円

改正増補　刑法［明治13年］講義上　磯部四郎著　30,000円

改正増補　刑法［明治13年］講義下　磯部四郎著　40,000円

改正増補　刑法［明治13年］講義下　磯部四郎著　36,000円

　改正増補　刑法講義（全4冊）磯部四郎著　146,000円

刑法総論（上）大場茂馬著　25,000円

刑法総論（下）大場茂馬著　43,000円

刑法各論（上）大場茂馬著 33,000円

刑法各論（下）大場茂馬著 44,000円

日本刑法論（総則之部）[訂正増補3版] 岡田朝太郎著 70,000円

日本刑法論（各論之部）[訂正増補再版] 岡田朝太郎著 70,000円

仏国治罪法講義 名村泰蔵著 34,000円

日本治罪法［明治13年］論綱 全 富井政章著 30,000円

日本治罪法［明治13年］講義 上巻 磯部四郎著 32,000円

日本治罪法［明治13年］講義 下巻 磯部四郎著 32,000円

　　日本治罪法［明治13年］講義（全2巻）磯部四郎著 65,000円

治罪法［明治13年］講義（全3冊）井上 操著 120,000円

治罪法［明治13年］講義（全3冊）横田国臣著 65,000円

刑事訴訟法義解 上巻 井上正一著 30,000円

刑事訴訟法義解 下巻 井上正一著 30,000円

無刑録 上巻 東山盧野徳林・佐伯御堂著 44,000円

無刑録 中巻 東山盧野徳林・佐伯御堂著 50,000円

無刑録 下巻 東山盧野徳林・佐伯御堂著 70,000円

玩易齋遺稿 上巻 芦東山著 30,000円

玩易齋遺稿 下巻 芦東山著 30,000円

起訴相当 篠倉 満著 1,200円

入門刑事訴訟法 青柳文雄・安冨 潔著 3,398円

　　刑事訴訟法論集 熊本典道著 12,000円

刑事裁判論集 児島武雄著 12,000円

刑事訴訟法 臼井滋夫著 6,000円

刑事訴訟法講義 田代則春著 5,000円

刑事訴訟法 黒木忍・川端 博編 4,000円

砕けたる心（上）森田宗一著 3,495円

砕けたる心（下）森田宗一著 3,495円

大正少年法（上）森田 明編著 3,495円

大正少年法（下）森田 明編著 4,3689円

大正少年法（セット）森田明編著 87,378円

穂積陳重立法関係文書の研究 福島正夫編 55,000円

終戦後の司法制度改革の経過（総索引・第1分冊）内藤頼博編 76,000円

終戦後の司法制度改革の経過（第2分冊）内藤頼博編 116,000円

終戦後の司法制度改革の経過（第3分冊）内藤頼博編 160,000円

　終戦後の司法制度改革の経過（4冊セット）内藤頼博編 488,000円

昭和刑事訴訟法(1) 井上正仁・渡辺咲子・田中 開 編 20,000円 続刊

昭和刑事訴訟法(2) 井上正仁・渡辺咲子・田中 開 編 続刊

昭和刑事訴訟法(2) 井上正仁・渡辺咲子・田中 開 編 続刊

＊治罪法から昭和刑事訴訟法まで日本刑事訴訟法の原点まで遡って立法過程を辿れるようにする。混迷する刑事訴訟のあり方について、刑事法思想の機微に触れる立法者の思索と至心に恭敬する。刑事法関係者はもとより広く法学の真髄に触れることができる。

113-0033　文京区本郷6-2-9-102
TEL 03-3818-1019　FAX 03-3818-0344